斯坦福极简经济学

看懂复杂世界的真实运作

The Instant Economist
Everything You Need
to Know About
How the Economy Works

———— 全新升级版 ————

［美］蒂莫西·泰勒（Timothy Taylor） 著

林隆全 译

图书在版编目（CIP）数据

斯坦福极简经济学/（美）泰勒著；林隆全译．—长沙：湖南人民出版社，2015.1
ISBN 978-7-5561-0739-1

Ⅰ.①斯… Ⅱ.①泰…②林… Ⅲ.①经济学 Ⅳ.① F0

中国版本图书馆 CIP 数据核字（2015）第 004897 号

著作权合同登记号：图字 18-2014-233

©中南博集天卷文化传媒有限公司。本书版权受法律保护。未经权利人许可，任何人不得以任何方式使用本书包括正文、插图、封面、版式等任何部分内容，违者将受到法律制裁。
The Instant Economist: Everything You Need to Know About How the Economy Works / Timothy Taylor
This edition published by arrangement with Plume, a member of PENGUIN GROUP (USA) LLC,
A Penguin Random House Company.
All rights reserved including the right of reproduction in whole or in part in any form.

上架建议：畅销·经济学

SITANFU JIJIAN JINGJIXUE
斯坦福极简经济学

作　　者：	[美] 蒂莫西·泰勒（Timothy Taylor）
译　　者：	林隆全
出 版 人：	谢清风
责任编辑：	胡如虹
监　　制：	于向勇
策划编辑：	袁开春　肖　莹
版权支持：	张雪珂　文赛峰
封面设计：	主语设计
内文排版：	百朗文化
出版发行：	湖南人民出版社［http://www.hnppp.com］
地　　址：	长沙市营盘东路 3 号
邮　　编：	410005
经　　销：	新华书店
印　　刷：	三河市天润建兴印务有限公司
版　　次：	2015 年 2 月第 1 版 2020 年 6 月第 1 版第 3 次印刷
开　　本：	880mm × 1270mm　1/32
印　　张：	9.5
字　　数：	179 千字
书　　号：	ISBN 978-7-5561-0739-1
定　　价：	58.00 元

（若有质量问题，请致电质量监督电话：010-59096394）

序言

在豪宅里对上流社会人士赞扬经济学家多有智慧，就像在街头宣扬政治人物有多忠诚可信——简直是天方夜谭。虽然有种种偏见，但我仍然强烈认为经济学有助于我们了解这个世界。我太太说经济学是我信仰的宗教，而我就是传道人，因此才会对其如此坚信不疑。

在研讨会上或各种社交场合，我多次被人要求推荐一本能把经济学讲清楚的书。他们并不想看赞美自由市场的书，或关于政府干预市场之必要的学术论文；他们对政治与政策自有看法，但也有自知之明：承认自己的某些观点或多或少是建立在不可靠或不存在的经济学认知上的。

我能够理解这种状况，市场上有太多关于经济学的书，各种稀奇古怪的书都有，但我很难找出一本轻松易读的非教科书，可以让人们完整了解经济学的重要原理。我希望你正在阅读的本书可以传授微观经济学和宏观经济学中有用的知识。本书虽然不足以让你从事经济预测的工作，但绝对能让你更有自信且更有说服力地与人聊起经济话题。

我知道你在想什么，你怀疑我在企图推销某种经济政策。如果是这样，那我的政治立场倾向哪一方呢？这种怀疑论是可以理解的，但真相是：如果你怀疑本书的内容会偏向自由派或保守派的经济政策，或是任何政党，那么我可以简短地回答你——不会。专业的经济学家，无论他们的政治立场是什么，都会使用我将在本书中讨论的工具和概念。经济学不是一套答案，而是追寻答案的架构。

举例来说，我们可以把经济学的研究分成两大类：微观经济学和宏观经济学。微观经济学是从个人、企业的观点展开研究，宏观经济学则是探讨经济的整体观点。有一个古老但贴切的比喻：宏观经济学就像在看森林，而微观经济学则像看个别的树木。学好经济学的诀窍，就是对森林和树木两者能有一个整体的理解。

本书前18章主要让读者对微观经济学有所认识。我会先讨论商品市场、劳动力市场、资本市场如何运作，然后扩大范围，讨论不受约束的市场可能会遇到的问题，例如垄断与缺乏竞争，污染与环境危害，新技术、创新和大型公共基础建设的缺乏，贫穷和收入不均持续或扩大，以及保险市场运作失衡。上述议题都提供了政府介入的潜在理由，但为了避免过于偏激，微观经济学篇的最后一章会提醒读者，在应对这些议题时，民主政府也可能会失败。

本书后半部分会探讨宏观经济学的议题，包括经济增长、失业、通货膨胀、国际贸易、货币政策与财政政策。

无论你对市场和政府各自扮演的角色有什么样的看法，我都希望本书能够挑战你的看法。我也希望本书能提供一种语言和一个架构，让你能更清晰地表达自己的信念，在这个时代的经济论战中成为一个更聪明、更成熟的参与者。

目录

微观经济学篇

01 人们卖弄的经济学原理只有50%是正确的 / 003
02 做自己最适合做的事,就有更好的生产力 / 010
03 市场均衡点并不表示人们对结果感到满意 / 016
04 在任何情况下都必须有所取舍 / 027
05 增加的生产成本可以转嫁给消费者吗? / 034
06 你的薪水最终由你的产出决定 / 042
07 折现值是个很重要的观念 / 051
08 人一生积累财富的关键是什么? / 059
09 垄断的本质是对勤劳者课税 / 070
10 是大池塘里的小鱼,还是小池塘里的大鱼 / 077
11 最佳的管制法或许就是解除管制 / 086
12 主张绝对的零污染是不可行的 / 092
13 自由市场并不保证会给发明者奖励 / 097
14 缴税是用强迫的方式克服搭便车问题 / 104
15 社会福利计划是在援助与激励之间拔河 / 108
16 什么样的收入不均程度算合理? / 117
17 品牌可以让消费者对质量比较放心 / 123
18 谁能监督代理人? / 131
   微观经济学原理总结 / 139

宏观经济学篇

19　人均GDP是一个有用的比较工具 / 143

20　为什么人们重视经济增长？ / 151

21　经济衰退，薪资很少会大幅下降 / 158

22　通胀率走高会使市场运作不顺畅 / 164

23　贸易顺差的真正意思是借钱给国外 / 174

24　短期看需求，长期看供给 / 183

25　菲利普斯曲线是一种短期现象 / 189

26　政府的钱是怎么花的？ / 196

27　权衡性财政政策，知易行难 / 204

28　美国累积负债的长期前景很糟糕 / 212

29　金钱对我们没有任何用处，除非把它花掉 / 221

30　中央银行既有权力，也有责任 / 229

31　你可以牵马到河边，但不能强迫它喝水 / 240

32　不用扩大贸易就很富裕的国家根本找不到 / 250

33　全球化的整体方向将提高全世界的生活水平 / 258

34　汇率剧烈波动会对经济造成很大干扰 / 267

35　美元大幅贬值对美国并没有显著的负面影响 / 277

36　未来的经济不再是零和游戏 / 286

　　宏观经济学原理总结 / 296

微观经济学篇

01 人们卖弄的经济学原理只有50%是正确的

> 经济学家如何思考：对公共政策做出建议的经济学，大多只用到大学入门课程的程度。

经济学家通常不是会令人愉快的伙伴。优秀的斯坦福大学医疗经济学[1]家维克托·富克斯（Victor Fuchs）总爱说："有些人在自己睡着时说话，经济学家却在别人睡着时说话。"

连经济学大师都有自知之明了，我们为什么还要研究经济学？经济议题是我们生活中很多重要事情的核心，不只包括工作与收入，也包括健康、教育、退休生活及国家未来在全球经济中的地位。如果你在日常沟通中涉及经济议题（随时都在你周遭发生），常需要具备"言之有物"的能力。也许你早已知道这可不容易：当你正客气地聊到最低工资、预算赤字或全民保健时，有人轻率地插话："可是经济学原理说的是……"而且像跳针似的重复。根据我的经验，人们卖弄的经济学原理只有50%是正确的，但如果你不懂任何经济学常识或知识，就

---

[1] 指将经济学概念和方法应用于医疗服务和相关政策的一门学科。

无法反驳，只能点头或耸肩。诚如英国女经济学家琼·罗宾逊（Joan Robinson）曾说的，研究经济学的理由就是"为了避免被经济学家欺骗"。

那么，需要懂多少经济学，你才敢参与社交或专业谈话？说出来包你吓一跳：赫伯特·斯汀（Herbert Stein）以美国政府经济学家的身份担任多种职务近50年，他曾说："对公共政策做出建议的经济学，大多只用到大学入门课程的程度。"在这愤世嫉俗的时代，也许这种说法并不令人惊讶，但重点是，你不必具备哈佛或斯坦福大学经济学终身教授的资格，就可以在大部分的日常经济讨论中坚持看法，你只需要搞懂经济学家的思考模式就够了。

我们先从经济学的三个基础问题开始：

- 社会应该生产什么？
- 应该如何生产？
- 谁来消费所生产的东西？

这三个问题是每种经济制度乃至每个社会的基础，无论是资本主义、社会主义还是共产主义社会，或是低收入、中等收入或高收入社会。寻找问题的可能答案时，沿着一条光谱来思考是有帮助的。光谱的一端是政府完全管制：政府机关决定生产什么、如何生产以及谁来消费。在光谱的另一端，你可以想象有一个社会，由个人决定这三个问题的所有答案。当然，在真实世界里，只有极少数的社会处于这两个极端。

让我们沿着这条光谱移动，这意味着什么？先不考虑无政府状态这种事，我们从另一端开始，政府在这里只提供市场经济的基础：追诉盗窃、履行合约、提供最低限度的公共基础建设（例如国防），这常被称为"守夜人国家"（night watchman state）。沿着光谱再往前，你可以想象一个社会稍微放宽政府的职责范围，将道路和教育等公共服务纳入。再接下来，有可能是所谓的社会保障网：国家养老金制度（比如社会救济）与医疗保险制度。若是治理范围更广的政府，可能会支持某些产业（如钢铁、农业），甚至拥有其部分股权；政府可能会控制食物或基本消费品（如住宅）的分配。在另一个极端，你可以想象有一个政府分配全部工作、全部住房及全部食物；政府决定了每个人该做什么以及每样东西的价格。

经济学不是水晶球

政府管制与个人自由之间的大辩论，长久以来是把光谱另一端的人当成傻瓜或怪物。但现代经济学承认每个市场各有优点，也承认在某些情况下市场运作会失灵，政府也许有能力福国利民。现代经济学也承认会有政府干预却仍然运作不畅的情况，换手让市场来试试可能成效会更好。为了像经济学家般思考，你必须务实，并跳出市场与政府之间的意识形态之争。有必要深入了解市场实际上是如何运作的，且在市场运作不佳的情况下改弦更张。

搞懂经济学的概念，有助于去除对经济学的一些误解。举例来说，经济学并不是预测未来的水晶球。常有人抱怨：经济学家无法指出经济衰退将何时开始或结束，或股市将何时上涨或下跌。的确，经济学家不是算命师，无法预测可能会影响经济体的消费或生产的每项因素。

经济学也与政治立场无关。很多人问我（通常是用客气而暗讽的方式）是不是共和党、民主党、自由党或绿党，但经济学入门课程与政治立场是不相干的。经济学和支持企业或劳工无关，也与民主党员或共和党员无关，经济学是一个思考问题的架构。

在进入经济学家的思考模式之前，让我们先来瞧瞧一些说法，大多数经济学家视其为理所当然，但多数非经济学家没想过这些事。

应该严肃看待"权衡取舍"（trade-offs）。思考下面这个问题：假如政府需要增加额外收入，应该向个人还是向企业征税？在公共论述里，这个问题容易被简化成："你关心哪一方，企业还是人民？"经济学家看到的格局更大：若要向企业征税，企业要如何筹资？企业可以提高卖给消费者的产品价格，可以大砍高级主管的奖金，可以削减股东股利，而这些方法都意味着其实某些人口袋里的钱将变少。我要说的不是应否向企业征税,而是关于企业课税的任何敏感话题,都应该聚焦于实际上哪些人最后要来支付这笔税款。同样,当媒体报道经济议题时,大多用一个人来开始说故事。也许是乔最近被一家经营不善的公司解雇了,或是苏珊的社会补助金被削减了。这种手法称为"在新闻里放一张脸",它是一种有效的新闻写作方式。但是,当我听乔或苏珊的故事时,我好奇的是有哪些人没有出现在新闻故事里,却以不同方式受到同一议题的影响。如同经济学家所说,"趣闻逸事"并不是"数据"。很多经济取舍都有一个特色:它能帮助某些人,却同时伤害了其他人。经济学家关心的是统计受到伤害或帮助的所有人,而不只是新闻报道里的几张脸孔。

自利(self-interest)是组成社会的有效方式。如果你问一些人:"假如这个社会上每个人的行为都十分自私,会发生什么事?"他们大多回答会造成混乱。但很多日常市场交易都仰赖自利,例如货比三家以觅寻最佳价钱、卖房前等待一个好价格等等。经济学始祖亚当·斯密[1](Adam Smith)曾说:"每个人……通常既不打算促进公共利益,也不知道他促进了多少公共利益……他只盘算自己的安全……只盘算自己的获利。而他在这么做的时候,如同很多其他情况,被一只看不见的手引

---

[1] 亚当·斯密(1723—1790):英国哲学家、经济学家,所著《国富论》为第一本阐述欧洲产业和商业发展历史的著作,这本书发展出了现代经济学学科,也提供了现代自由贸易、资本主义和自由意志主义的理论基础。

导,去促成一个与他本意无关的目的。虽然与他本意无关,但也不会因此使社会更糟。借由追求自身的利益,他频繁地促进了社会利益,比他认真设想促进社会利益还有效。"

看清那只看不见的手

"看不见的手"(invisible hand)的概念,就是你在追求自己的利益时,可能也会给别人带来好处。举例来说,借由生产一个更好的商品,你同时改善了使用者的生活。亚当·斯密明白"看不见的手"并非经济体或社会中所有困难的灵丹妙药,但经济学家认为自利是一股强大的力量,当它被适当引导时,就可为社会带来各种好处。

举例来说,若要使人们节约能源,你会怎么做?你可能会举办一场大型公关活动,在电视或校园里宣传。但经济学家很可能会说:"想要人们少用汽油?那就课税吧,这样人们就会减少用量。想要厂商开发更省油的汽车?那就补贴这种技术,这样厂商就会研发,让它成真。想要人们在家使用更多的太阳能?那就租税抵减,这样人们就会投入额外的钱去安装设备。"如果有某个东西你想要少一点,就用租税抑制它;想要多一点,就用补贴鼓励它。基于各种理由,有些个案的抉择可能是聪明或不智的公共政策(本书稍后会详细讨论),但至少它们采用了诱导法,而非忽视问题。

所有成本都是机会成本(opportunity cost)。当你做一个选择时，你没有选择的东西就是经济学家所谓的"机会成本"。例如，你若想雇人打扫你的房子，假设每次打扫要花150美元，每个月打扫两次，你可以说打扫房子一年要花3600美元，或打扫房子所花的钱相当于在海边度假一周。真正的成本不是你已经花的钱，而是你放弃的东西。用机会成本来思考，将包含没有用钱来衡量的成本。若你是全职大学生，放弃了可以用来做其他事的时间（包括工作赚钱），这个机会成本就是你上大学的成本之一。

价格是由市场决定的，而非生产者。你可能听到过某人说"房东涨了我的租金"，或"石油公司调高了燃料价格"，或"银行调高了我的贷款利率"，但是当汽油价格下跌时，你不会听到任何人说："噢，这些石油公司真慷慨、真好，让我们这些上班族喘了口气。"利率调低时，人们并不会说："这些银行真慷慨、真贴心，少向我收利息。"对经济学家来说，这些褒贬都是基于错误的假设的。经济学家从不怀疑房东、石油公司、银行都是贪婪的，而且试图尽其所能赚取最多的钱，他们无时无刻不贪婪。他们提高房租、燃料价格与利率，不是因为想这么做（他们一直都这么做），而是因为市场的供需情况在某种程度上改变了，才促使他们做了这个决定。

没有哪个人可以得到想要的每样东西，也没有哪个社会可以得到想要的每样东西，因此，取舍是不可避免的。在人们有各种技能与欲望的现代经济社会中，问题在于如何协调决定生产什么、如何生产以及为谁生产。

02 做自己最适合做的事,就有更好的生产力

> 分工:经济学的一部分,即是了解并分析市场经济每天所协调完成的丰功伟绩。

我们现今的世界,即使是看起来简单的消费品,也经常通过一个涉及全球的复杂过程来生产,让我们以铅笔为例。1958年,经济学教育家伦纳德·里德[1](Leonard Read)写了一篇文章,叫作《我,铅笔》(I, Pencil),描述铅笔绝妙的生产过程。木材来自北加利福尼亚州,在那里砍伐、运送和加工。铅是斯里兰卡生产的石墨与密西西比州开采的黏土之混合物,两者的结合过程又是在另一个地点完成的。铅笔外观的黄色涂料是用蓖麻子做成的,需要三个步骤(种植、运送、制成涂料)。支撑橡皮擦的黄铜套管是用锌、铜和镍合成的,它们也必须被开采、运送与提炼。橡皮擦是印度尼西亚的蔬菜油、意大利的浮石与各种黏性化学制品的混合物。想象一下,光是做橡皮擦就

---

[1] 伦纳德·里德(1898—1983):从20世纪50年代开始称自己为自由意志主义者,是以现代意义来使用libertarian一词的开创者。他还创建了经济学教育基金会。

需要多少步骤？在这篇文章中，里德宣称世界上没有人可以独自从头包办制作铅笔，而他很可能是对的。

铅笔是可能被随意抛弃的小物件，如果掉了一支在地上，你很可能会不假思索地让它滚到旁边。但是，制作一支铅笔所花费的功夫，仔细想想是令人惊叹的。更令人惊讶的是，社会上的每样东西，几乎都是这种近乎神奇的经济协调的成果。

分工为生产商品的厂商与国家经济创造了显著的经济利益。它是如何办到的？

分工使工人能聚焦于他们最适合做的事，又使企业能充分利用当地资源。如果你经营冰激凌生意，设计标签与照顾乳牛的人很可能不是同一个。同理，你可以在威斯康星州饲养乳牛，但你需要较温暖的气候来种植甘蔗。从不同地区取得合适的工人和合适的资源，就有更好的生产力。

随着不断练习，技术工人通常会变得更有生产力。在汽车制造业，组装线上的工人通常最能想出执行任务的新方法。当需要服务时，无论是找医生还是美发师，我们都想找有经验且专业的人。有些组织也朝专业化发展，聚焦于一个或数个所谓"核心能力"的企业，会比试图做所有事的企业做得更好。

分工使企业得以利用规模经济（economics of scale）。"规模经济"是个专有名词，用来说明大厂相对于小厂可以用较低的平均成本来生产。一年生产10,000辆汽车的工厂，可以利用专业化与生产线的优势；而一年只生产100辆汽车的小厂，每辆车的生产成本会高很多。规模经济的概念，有助于这个世界合理化地运作。如果没有规模经济，每个小城镇都将会有很小的工厂，生产非常少量的汽车、冰箱、衣服和其他产品。但是，在一个善用规模经济的世界，一个地区会大量生产一种东西，然后和生产别种东西的其他地区进行贸易。分工不只在一家厂商内部发生，也在一个社会甚至国与国之间发生。举例来说，汽车制造业并非在美国各地均匀分布，而是大部分群聚在从密歇根州到亚拉巴马州这条由北到南的纵贯线上。

高收入社会通常比低收入社会有较大规模的分工，富国的老百姓不需要知道电子学、纺织或制乳方面的任何事情，不需要知识或技能来生产消费者需要的每样东西，因为专业化与贸易提供了获得智能手机与切达干酪的管道。相反，你可以购买那些内含各种不同知识的商品，然后借由你自己高度专业的工作来支付这些消费。市场经济就是协调这种精密分工的社会机制。

就如经济学家罗伯特·海尔布罗纳（Robert Heilbroner）所说："绝大多数美国人不曾种植农作物、捕捉猎物、饲养牲畜、把谷物磨成面粉，甚至把面粉制成面包。面对穿衣或建造自己住家的挑战，他们完全缺乏训练且毫无准备。即使只是修理身边的机器，也得打电话给小区的其他人，请人来修理汽车或水电。很矛盾的是，也许一个国家越富有，人们在独自、无助时的生存能力就越差。

分工能增加企业、国家以及全球经济的产量。就跟工人或企业一样，国家也可以发展专业化的技能与专长。最近的全球贸易有一个重要趋势，有人称之为"价值链分解"（breaking up the value chain），意即更广泛分散地生产零件。所谓"美国车"或"日本车"，在过去曾是有意义的区别，因为当时一辆汽车上的所有零件，几乎都是在美国或日本制造的。时至今日，汽车座套可能是在某个国家做的，弹簧在另一个国家生产，而零件又是在第三个地方制造。这些零件如此频繁地跨国往返移动，以至于这辆车到底是在哪里制造的，可能并没有明确答案。关于国际贸易的利害得失当然是复杂的议题，稍后会深入探讨。但整体而言，每个国家专精于特定产品乃至于特定服务，这样的分工对所有参与者都更有利。

仓库管理经济学

有个比喻可帮助你了解高度分工的社会。想象一下，整个社会生产的所有商品，可以收纳在一个仓库里。当你生产出某个东西，就把它带到前门入库；当你想买某个东西，就绕到后门取货。分工意味着我们都在生产不同的东西，并把它们送进这个大仓库。结果出现了一个现象：进入仓库的东西跟离开仓库的东西必须是一样的。生产或储存一个没人要用或没有特别功能的商品，是没有意义的；还有一个要避免发生的情况是，很多人在仓库后门等待某个买不到的商品。

那么，该如何调节进出仓库的东西呢？很不幸，靠人们的自我管理和自我约束不是一个务实的解决方案。想一想学生宿舍里的冰箱：宿舍里有个共享冰箱，你会把东西放进去，并希望每个人都会把他用过的东西偿还回来，也希望自己在想喝咖啡时总有牛奶可加，但结果每个打开冰箱的人都发现，里面总是塞满酸掉的牛奶和腐坏的比萨。可见，这个方法在学生宿舍是行不通的。在一般社会，一样行不通。

社会需要一个制度，制定出人们送进仓库及从中取出的商品的价值，以及可以连接双方的某种方式。如果某人把一个没人要的产品送进仓库，那么它就不会有任何价值；如果某人把东西送进仓库，而仓库里已有很多类似的东西，但只有少数人需要它，那么它的价值就很低。相反，把某个东西送进仓库，若是很多人渴望拥有且几乎买不到它，那么这个产品就有较高的价值。

在市场经济里，送进仓库及从中取出的商品的价值，是由供给与需求决定的。在市场经济里，商品的价值就是它的价格——付一个价钱买商品，这种方式为人们提供了一种动机，使他们需谨慎选择从仓库里取出的东西，且不能取出超过需要的数量。市场经济里的劳动价值，则表现在支付的工资或薪水上，这又提供了动机，使人们愿意提供对别人有价值的商品或服务。价格机制与供需的力量（这是下一章的重点）是市场经济如何协调人们的分工，并且使进出市场经济这个大仓库的商品互相配合的方法。当然，用仓库做比喻有其局限性，它没有涉及公平、贫穷、污染、租税或法规的议题。我将在后面的章节讨论这些议题。

理论上，仓库要放进和取出什么东西，可以由市场上人们的互动来决定，或是由政府乃至双方的某种组合来决定。但无论如何，每个社会都必须回答经济学的这三个基本问题：生产什么？如何生产？谁来消费？

一个分散化的市场经济，通过分工而运作得如此美妙，提供广泛、实用的产品与服务，这使得生活在高收入国家的人民视其为理所当然。我们有时听闻，在某些没有市场经济的地区，当地政府限量供应大部分商品，店里能够买到的商品的种类和价格都很糟。如果那些人有一天站在富有国家的现代化超市里或大卖场的货架通道上时，他们一定会目瞪口呆。

经济学的一部分，即是了解并分析——同时也赞叹——市场经济每天所协调完成的丰功伟绩。

03 市场均衡点并不表示人们对结果感到满意

> **供给与需求**：知道每样东西的价格，却不知其价值，这就是经济学家。

你应该开始了解一下经济学家是如何看这个世界的：分工导致商品与服务的交换，社会必须以某种方式协调所有的生产与消费。全球所有高收入社会，比如美国、加拿大、日本和西欧国家，主要是通过市场安排来调节它们的经济，且或多或少受到政府的影响。让我们更深入地观察各个市场在整体经济里是如何协调合作的。

我们将从一张循环流向图开始，根据家庭和厂商这两个群体之间所经过的三个市场——商品、劳动力与资本——中的商品、劳务与付款流程，来描绘整体经济。

商品市场包含家庭购买的所有商品：食物、衣服、家具、理发服务、计算机、电话服务等等。在商品市场中，产品从生产厂商流向家庭；家庭对这些产品的付款则是流回厂商。用经济学家的术语来说，厂商是产品的供给者，而家庭是产品的需求者。

在劳动力市场中,劳动力从家庭(也就是工作者)流向雇用这些人的厂商。举例来说,塔吉特百货公司(Target Corporation)约有35万名员工,公司以工资与员工福利的形式付费,流向工人及其家庭。在这个市场里,供需的角色与商品市场颠倒:厂商需要劳工,而家庭供给劳工。

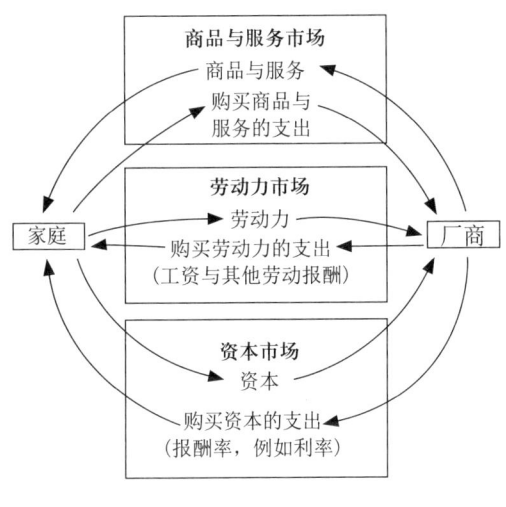

循环流向图

在资本市场里,家庭将金钱作为投资,而成为资本,无论是直接购买股票还是间接把钱存在银行,这些钱又会投资或借给厂商;家庭则收到厂商支付的股利与利息。因此,家庭是资本的供应者,而厂商是需求者(应该注意的是,厂商也可能供应资金,但它们是代表业主或股东投资,也就是说,家庭仍是资本的供给者）。

交换价值与使用价值

循环流向图显示这三个循环如何通过家庭与厂商运行，以及这三个市场如何成为一个更大的、整合的宏观经济的一部分。稍后我们将研究政府和其他国家如何用这三个市场循环互动，但目前我们先来看家庭与厂商双方，以及它们彼此牵动的三个市场。

三个市场中的第一个是商品市场，其价格从何而来？很多非经济学家在谈到价格时，说价格"太高"或"太低"，其实是把目前的世界和他们心目中的理想世界相比，所以你会听到"护士薪资太低"或"汽油价格太高"这样的话。对经济学家来说，这就像说今天的天气太冷或太热。它只告诉你这个人的某种偏好，但没有说明事情为什么会这样。

对非经济学家来说，价格是关于个人价值取向的价值承载（value-laden）。经济学家试图避免这类价值判断，我们称之为"钻石与水的矛盾"（diamond-water paradox）。这个说法出自经济学家始祖亚当·斯密，他在《国富论》里区别了"交换价值"（value in exchange）与"使用价值"（value in use）。钻石有很高的交换价值，如果你有一颗钻石要交易，那么你可以换到很多钱；但钻石没有很高的使用价值，既不能吃，也不能修剪你的篱笆，当作镇纸也很难用，基本上就是无聊的奢侈品。相反，水是生活基本必需品之一，更不用说水的非基本用途，例如蒸汽动力。水有很高的使用价值，但非常便宜。在大部分地方，它免费供应。在正常情况下，它的交换价值相对较低。

显然，交换价值与使用价值不一致。当我们决定一个东西的价格时，谈的是哪一种价值呢？当经济学家谈到价格时，指的就是交换价值。一个商品的交换价值与其稀有性有关——商品值多少钱，和多少人想要拥有它有关。钻石价格高，是因为相对于钻石的数量，很多人想拥有它，因而得付出高价。水的价格低，是因为相对于可取得的水的数量，人们不愿为它付太多钱。你可以说某人快渴死了，愿意拿钻石换水，但这不是常态。

剧作家奥斯卡·王尔德[1]（Oscar Wilde）曾把愤世嫉俗的人定义成"一个知道每样东西的价格，却不知道其价值的人"。这句话用来形容经济学家也很贴切——注重每样东西的价格，却不在乎其内在的使用价值。为了像经济学家般思考价格，关于商品的使用价值，你必须排除心中的预设立场。一旦习惯以后，你就能从容地区别价格和价值。你不必思考价格是否"正确"，或它是否准确反映了你的个人价值观。价格是视世界上的供需互动，即人们愿意且能够取得的状况而定的。

---

[1] 奥斯卡·王尔德（1854—1900）：英国小说家、诗人、剧作家，英国唯美主义艺术运动的倡导者。

我在前面用到"供给"与"需求"这两个专有名词时，其实不是很严谨，但它们实际上有相当特定的意义。当经济学家谈到商品的需求时，指的是商品价格与需求量之间的关系。通常来说，当商品价格上涨时，需求量便有下滑的倾向。

替代效应与收入效应

这个概念可以很简单地用一张图来呈现。商品数量为横轴，价格为纵轴。代表需求的曲线是向下倾斜的，表示价格越低，需求量越多。

直觉上，这个模型是有意义的，但实际原因是什么？经济学家提出了两个具体理由。其一是"替代效应"（substitution effect），当商品价格越来越高时，人们可能会拿其他商品取而代之。例如，当橙汁价格上涨时，人们会用其他饮料或维生素C来取代；汽油价格上涨时，人们就会少开车，或可能共乘一部车，或买一部更省油的车。

另一个理由是"收入效应"（income effect）。当商品价格上涨时，你的收入的购买力降低，因此你不能像过去一样每样东西都买，你会买较少的东西或是同样的东西少买一点。举例来说，如果你每天早上在上班途中喜欢买一杯特调咖啡，当你最爱的这种饮料涨到一杯100美元时，你可能就无法每天都买，因为你的收入对咖啡的购买力降低了。即使价格只上涨一点，也会迫使你少买或以其他商品取代。

重要的是,当经济学家用到"需求"与"需求量"这两个专有名词时,别将这两个名词搞混了。"需求量"是指在某一特定价格下,人们想得到该商品的特定数量。例如:2009年,大约有1.2亿袋咖啡是以每磅1.15美元的价格售出的。"需求"则是价格与需求量之间的关系,指的是在任何可能的价格或每种价格下,人们想要该商品的数量是多少。例如:当咖啡价格上涨时,咖啡的需求数量将减少。从这张图来看,需求量是一个点,而需求是一条曲线。

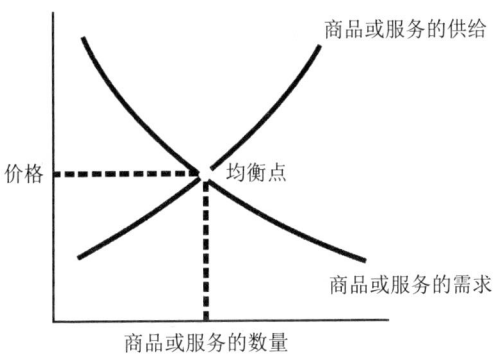

这里出现一个吊诡的问题:是什么因素造成了需求波动?答案不是价格,价格会影响的是需求量,但不会使需求关系本身发生变动。当经济学家谈到"需求"变动时,并不是在说一个点向上或向下移动,而是指在同样的总量下,整条需求曲线向上或向下移动。我们谈的是在纵轴的每种特定价格下,所对应的需求量变大或变小。什么因素可以造成这样的变动？

· 假如社会整体的收入上升，会怎样？如果每个人都更有钱，那么市场上的大部分商品在每种价格下的需求量都会更多。

· 假如社会人口激增，会怎样？如果有更多的人需要该商品，则在每种价格下的需求量都会变多。

· 口味与潮流有什么影响？某些商品畅销与否，是由社会决定的，例如人们消费更多鸡肉、鱼肉，就会少吃牛肉。在这个例子中，在任一特定价格下，鸡肉和鱼肉的需求量上升，牛肉的需求量下降。也就是说，鸡肉和鱼肉的需求上升，牛肉的需求下降。

· 替代品的价格变动又会有什么影响？在先前的情境中，如果大多数人认为鸡肉是牛肉的最佳替代品，那么当鸡肉价格上涨时，人们的反应会是少买鸡肉、多买牛肉。反之，如果鸡肉跌价，人们就会买更多鸡肉，以致牛肉的需求下降。

现在来讨论供给。供给是指商品的供给量与价格之间的关系。当商品价格上涨时，供给量也容易上升，这是因为当价格上涨时，厂商会变得更愿意供给商品。因此，需求曲线向下倾斜，而供给曲线向上倾斜。

也许这里头包含了某些直觉，但经济学家试图详述厂商背后的具体理由：首先，当价格上涨时，厂商就会想生产更多商品，以赚取更多利润；再来，若价格上涨幅度够大，就会有新厂商决定生产并加入这个市场。

美妙的均衡点

就如"需求"与"需求量"经常被搞混一样，人们对"供给"与"供给量"也有类似困惑。供给量是指在某个特定价格下所生产的特定数量，供给是指在每种价格下生产多少数量。供给量是一个点，而供给是一条曲线。

这里又有一个奇怪的问题，这次是从供给的角度提出的：什么因素会影响供给？答案和上次一样，不是价格。价格会使供给量改变，但它不会使整条供给曲线发生移动。供给增加时，整个供给关系必须移动，以便在每种特定价格下，供应更多的数量。反之，供给减少时，在每种特定价格下，必须供应更少的数量。能使得供给如此移动的因素，有哪些例子？

・假如技术改变，会怎样？更便宜的生产方式，可能意味着在每种特定价格下，可以供给更多数量的产品。

・假如生产受到天气影响，会怎样？这个因素对农业尤其重要。较佳的天气意味着较高的收获量，这表示在每种特定价格下，商品供给量较多；较差的天气意味着较低的收获量，这表示在每种特定价格下，商品供给量较少。

·要素价格（input price，或称投入价格）改变，会有什么影响？要素价格是制造商品所投入的成本。如果厂商使用很多油或很多钢来制造产品，当油或钢的价格上涨时，那么在每种特定价格下，商品供给量将会下降。

现在，我们准备探讨供给与需求如何互动。让我们思考一个基本商品，例如比萨，首先考虑的是低价的情况。在低价时，供给量相对少，因为没有人想生产该商品，但需求量可能是相当高的，因为很多人想以这个低价买很多比萨。当比萨价格上涨一些时，餐厅就会生产更多，供给量会增加；但一旦价格上涨，使得人们较不愿购买，需求量就会下降。当供给量上升且需求量下降时，在某个点上，比萨的需求量会等于供给量，这个点就称为"均衡点"。

均衡点在实务上是什么意思？如果商品的价格高于均衡点，那么该商品的供给量将超出需求量，东西将开始滞销；为了清除库存，卖家必须开始降价，直到人们愿意购买。于是，价格开始朝这个均衡点下跌，使供给量与需求量相等。均衡点这个位置有其特定的经济意义：价格与数量是有效率的，没有造成浪费。就如同一部有效率的机器，没有多余的动作或额外的零件，一个有效率的市场也没有多余的产品或未被满足的需求。

如果商品价格落在均衡点下方，那么需求量将超出供给量。此时，人们往往排队抢购该商品。供给者发现此现象，便会开始提高价格，结果导致需求量下降，供给量开始上升，直到这两种数量再次相等，且价格达到均衡点。

均衡点是市场经济的倾向，但这不是说市场总是处于均衡状态。市场达到均衡状态需要多长时间？市场通常多靠近均衡点？市场价格何时或是否会冲过均衡点而需要拉回？这些都是存在已久的争论。在 21 世纪最初 10 年中期，市场钟摆开始摆到另一端之前，美国房价明显转向，有好几年时间都在均衡点上方。但长期来看，市场通常会走向均衡。

需求或供给的任何改变（记住，是整条曲线的改变），都将使均衡点发生位移。以牛肉市场为例，如果消费者的收入上升，那么牛肉的需求也会上升，结果就变成市场上新的均衡点会落在较高的价格和销售量上。现在想象相反的情况，假如牛暴发疫情，导致牛肉供给下降，结果均衡点就会落在较低的销售量与较高的价格上。很多经济学入门课程都会探讨上述需求与供给发生位移的结果。

商品与案例或许不同，但基本模式是一样的：考虑需求，考虑供给；从均衡点出发，思考需求或供给位移时会发生什么，思考新的均衡点会出现什么样的新价格与数量。供给与需求是一个架构，用来讨论市场如何决定价格和数量，以及这些市场价格与数量为什么会改变。了解了这一点，你就有经济学的基础了。

在现实世界里,均衡点意味着只有这个需求量与供给量是平衡的,但并不表示人们对这个结果感到满意。买家总是会说:"我觉得我买贵了。"而卖家总会说:"居然卖得这么便宜。"有时,买家或卖家会向政府游说,改变某个商品的价格,即使该商品的市场处于或靠近均衡点。在下一章,我们将谈到这么做会产生的后果。

对于供需模型,常听到这样的抱怨:"人们才不会这么思考!"在某种程度上,这是真的,大部分人不会使用这些专有名词,或是在脑海里画曲线图。但只要买家以最低的可能价格寻找他们偏好的东西,把他们的欲望、财务状况以及可能的替代品纳入考虑范围,然后只要厂商调整生产以响应价格的变化,供需模型就会很合理地运作。

在深度的哲学意义上,供给与需求的真相也许不总是可爱的、在道德上吸引人的或令人向往的,但它是一个有用的工具、一种有力且准确的方式,以帮助我们描述和理解价格为什么处在那个水平,以及价格可能上升或下降的理由。供需模型可以用来描述世界各地、历史上各个不同时代以及从铅笔到比萨的各式各样商品的市场。

04 在任何情况下都必须有所取舍

> **价格下限与价格上限**：价格管制的问题在于是否能达成目标，或适得其反？

如果你曾想在纽约或旧金山租房子，就会知道价格高得吓人。房地产的需求是如此强劲，哪怕再不起眼的房子也可以开出高价。当市场决定的价格对很多人来说似乎高得不合理时，会发生什么事？换个角度看，曾有几年气候非常好，农作物大丰收，以致卖价很低。当市场决定的价格对很多人来说似乎异常低时，会发生什么事？供给与需求是不可避免的力量，但不是供给与需求的所有结果都是人们想要的。即使是最狂热的自由市场经济学家，也不同意我们对供需的结果没有任何作为。毫无疑问，政府有可能干预并影响特定市场的商品价格。价格管制的问题在于所使用的方法是否能达成目标，或可能适得其反？

对市场价格与数量不满意是不可能避免的。供给者总是会说，如果钱多一点，他们可以创造新工作、建立新工厂、雇用更多人。需求者总抱怨，以他们的收入，不易维持生活水平。

双方都要诉诸公平。企业会说自己想要一个"公平"的价格，其实想要的是更高的价格。人们说房租、电力或汽油的价格"不公平"，是认为价格应该更低。如果有一个团体在政治上足够强大，甚至可以促使政府改变法律以保障其优势。

价格上限造成供不应求

当政治人物被说服制定法律，将产品价格维持在低位时，他们就创造了价格上限（price ceiling）：产品价格的最大值。美国的房租管制法（Rent-control Laws）是价格上限的一个例子，房租管制的政治理论在于栖身之处是一种需要（need）而非想要（want），而没有管制的住房均衡点会太高，让很多民众无法负担。

但价格上限并无法阻止供给与需求的运作力量，事实上，这股力量使我们得以预测设定价格上限的结果。如果你设定的价格上限低于原本的均衡价，那么想购买的消费者的反应就会很热烈，但该商品的供给者则不然。需求量上升，供给量下降，结果就是供不应求。

再以租房为例。美国的房租管制在很多时期和很多地方都导致住房短缺，包括第二次世界大战以来，美国200多个采用房租管制法的城市。其中一个结果是，在房租管制法严格执行的城市，租房者可能无法以法定价格找到公寓，有太多想租房者在找寻供给非常少的公寓。当房东无法以提高租金来应付上涨的成本时，可能会吝于修缮房屋，因为他们知道需求很大，潜在客户群不会太挑剔，导致出租房屋的质量降低。或者房东可能会变更出租公寓为各户有独立产权的套房，转租为卖，完全退出租房市场。接着，新建的出租公寓可能会减少，房东也可能以各种费用的名义，向房客索取额外金钱，并想方设法扣住其刚搬进去时支付的"押金"。价格上限还造就了灰色地带，用便宜价格就得到商品的人，会把商品转售给愿意支付更多钱的人。在这种情况下，二房东可以把有房租管制的公寓，以较不受控制的价格分租出去。最后，消费者虽然住进了有价格管制的公寓，但也妨碍了其他人（其中某些人可能更需要低价公寓）找到可出租的公寓。

政府可以抑制价格，但是在一个自由社会中，无法迫使卖家进行大量生产，而且各种规避价格上限的方式也不易管理。

价格下限导致供过于求

再来考虑相反的情况。当供给商品的这些人有政治影响力时，有时可以使政府设定一个最低价格或价格下限（price floor）。例如，在美国种植某种作物的农夫，法律对该农作物提供了最低保证价格（guaranteed minimum price）。主张设定农业价格下限的理由是，国家需要稳定且扩大食物供给来源，为此需确保农夫继续耕作。但均衡价格有时实在"太低"，所以需要法律来保障农夫享有"公平价格"（注意引号中的价值判断字眼)。无论政治意图为何,供给与需求的力量是不可避免的,设定价格下限会产生后续影响。

如果你设定的价格在均衡点上方,供给者会很乐见,供给量就会变多;然而,需求量会因此变少,结果造成供给过剩:供给量超出需求量。政府可能会采取行动,通过配额(限制生产者可销售的数量)避免生产过剩,或通过购买来储存过剩的产品。在美国历史上,生产过剩的农产品有时会被运送到低收入国家,作为食物援助。

最后,设定农产品价格下限所得到的反效果,其影响远比生产过剩更大。因为有价格下限,农田生产的农作物变得更值钱了,农田价格连带上升,地主会受益,但承租农田的农夫必须付出更高的租金,因而抵消了价格下限所得到的好处。农业价格下限也可能助长使用边际土地[1](marginal land),或施用有毒农药以增加作物产量,因此造成环境污染。将生产过剩的食物运送至他国作为援助,纾解饥荒固然是好事。然而,一旦受援助国当地的农产品无法与免费食物竞争时,食物援助最后也可能伤害受援助国的农业经济。

此外,价格管制会导致无法辨识出到底谁才是需要帮助的

---

[1] 指土地利用时,收益与成本相等,无法取得超额利润的土地。边际土地在经济上成为耕作地与非耕作地的界限,低于此界限的,称为边际以下土地或次边际土地(sub-marginal land);高于此界限的,称为边际以上或超边际土地(super-marginal land)。

人。价格管制改变了每个人所面对的价格，某些需要帮助的人会接受这个价格，但更多不需要帮助的人也受到影响。

假如政府试图帮助每个人，让所有生产者都享有价格下限，所有消费者都享有价格上限，结果会怎样？实际上，这大致就是苏联政府尝试管理经济的方式。20世纪80年代，苏联中央政府约有1/4的预算用于补贴，因为同时要补助生产者和消费者，最后苏联为此付出的代价包括物资短缺、生产过剩、黑市等种种问题，就如同其书记尼基塔·赫鲁晓夫（Nikita Khrushchev）的名言："经济学并不是挺尊重人们期望的一门科目。"

关于这一点，有些人不客气地指责经济学家别有居心："你们说自己对各种经济政策抱持开放态度，实际上听起来就是你们制定了一项政策，这项政策就是不干预。而反复出现的价格下限、价格上限与均衡点，只是宿命论与无作为的借口。"

价格管制会掩盖成本

然而，批评一项政策不表示不接受其他政策。我们先从房租管制的一些替代方案来思考。方案之一是借由提高福利支出或提供住宅优惠券，直接把钱给穷人。这种需求面的帮助，比价格管制更精准。关于供给面，政府可以借由补助低成本住宅的建设或调整地方法规，鼓励兴建更多低成本住宅，两者都会使人们买得起的住宅出现更高的均衡量，而不会造成短缺或过剩。

至于农业补贴呢？想象一下，政策目标是保障中小型营运的农民有像样的生活水平。若不采取价格下限方式，政府还可以通过食物券、学校午餐计划等方式补助消费者食物。像这样刺激需求，能帮助农民卖掉更多产品。关于供给面，对于农地小于某个规模的农民，政府可以提供补助，有针对性地协助这些穷困的人。这两种方式可以避免农产品囤积在国内，或是把过剩产品倾销到其他发展中国家。

讽刺的是，价格下限与上限，在学理上并不是最好的政策工具，却是官方最倾向采取的方案。经济学家自认为在任何情况下都必须有所取舍，而政客常喜欢隐瞒政策的真实成本。价格下限与上限看起来像是零成本的政策，因为政府不需要增加支出或减税。事实上，价格管制会掩盖成本。

经济学家还信奉要把所有成本纳入考虑范围，不单是预算成本，也要考虑机会成本。举例来说，房租管制使某些房客受益，因为住房成本降低了，但其他人因为找不到房子住而受害，某些建筑商也会因为无法转手获利而蒙受损失。同理，当政府将农作物价格维持在高位时，生产这些作物的农民会受益，但贫穷与中产阶级家庭要用较高的价格，才能买到牛奶或面包等民生必需品。再者，低收入国家的农民可能极端穷困，因为高度补贴国的食物援助迫使他们离开粮食供应市场。在这些情况下，短缺或过剩所造成的浪费，在政府的资产负债表中虽然并没有明确的税收或补贴，但其实是真实的成本。

经济学这门学科并非对穷人有敌意，也不会宣誓绝不干预自由市场。经济学家的政治理念不同，因此会争论某些干预政策是否恰当。但不管政治理念如何，他们的共同点都是：绝对尊重任何政策的各种取舍。

05 增加的生产成本可以转嫁给消费者吗?

> **弹性**：思考需求与供给有无"弹性"这个基本观念，就可对市场做出有凭有据的预测。

抽烟是一个很花钱的习惯。美国香烟税每包约 1 美元，还有各州香烟税平均每包 1.45 美元。课这些税的目的是抑制抽烟吗？还是增加政府收入？要回答这个问题，我们必须先思考香烟税如何影响香烟的需求量，也就是经济学家所说的"弹性"（elasticity）。许多公共政策以及价格策略的议题，都依赖于了解弹性这个概念。

举例来说，假如一包烟的价格涨了 10%，需求量是下跌 50% 还是 2%？因为需求弹性的定义是需求量变动的百分比除以价格变动的百分比，所以在这两个状况中，需求的价格弹性会是 5 或 0.2（也就是 50/10 或 2/10）。同样，我们可以假设，为了响应价格上涨的 10%，市场上香烟的供给量会上升 40% 或仅 5%。供给弹性的定义是供给量变动的百分比除以价格变动的百分比，所以在这里，供给的价格弹性会是 4 或 0.5（也就是 40/10 或 5/10）。

把弹性分成三大类来思考是有帮助的，这个方法适用于需求弹性与供给弹性。

需求无弹性的商品，弹性小于 1。在需求无弹性的情况下，需求量变动的百分比会小于价格变动的百分比。例如，价格上涨 10% 可能会使需求量下跌 5%。高度无弹性的商品，往往很难用较便宜的商品来取代。如果你感冒了，可以选择非知名品牌的感冒药，但糖尿病患者不能因胰岛素价格上涨而减少使用。胰岛素的需求是无弹性的。对瘾君子来说，香烟的需求也是无弹性的。

需求有弹性的商品，弹性大于 1。根据公式，需求量变动的百分比会大于价格变动的百分比。在这里，价格上涨 10% 可能会使需求量下跌 20% 或 30%。需求量有高度的伸展性，它可以大幅移动以对应价格的变动。典型的例子是橙汁，如果橙汁价格上涨，人们可以随便用其他饮料与维生素 C 取代，所以橙汁的需求是有弹性的。对没有真正烟瘾的青少年来说，香烟的需求也可能是有弹性的。

需求单一弹性的商品，弹性等于 1。当商品需求量变动的百分比刚好等于价格变动的百分比时，我们说它是单一弹性（unitary elasticity）。这表示如果价格上升 10%，需求量也会下降 10%。

供给无弹性的商品，弹性小于 1。在这里，供给量变动的百分比会小于价格变动的百分比，例如价格上涨10%可能会使供给量增加5%。完全无供给弹性的经典例子是毕加索的画作——无论价格涨多少，供给量都没办法更多。一般而言，厂商很难快速扩大原料供应与增加熟练劳工的任何产业，其所生产的商品往往是无供给弹性的。

供给有弹性的商品，弹性大于1。在这种情况下，供给量变动的百分比会大于价格变动的百分比，所以价格上涨10%可能会使供给量增加20%。也许是因为有剩余产能，厂商很容易快速增加产量。

供给单一弹性的商品，弹性等于1。在这种情况下，供给量变动的百分比会等于价格变动的百分比，所以价格上涨10%会使供给量增加10%。

谁的弹性比较大？

为什么弹性是用价格与数量变动的百分比来计算的？这个方法的主要优点是可以用来比较各种不同的市场，其商品可能是以不同度量衡单位计数，或可能是以不同货币计价。例如，想比较美国和日本汽油的需求弹性，借由百分比，就可以不必考虑汇率变动或英制与公制度量衡单位的复杂换算。我们可以比较汽油、牛肉制品以及美发服务的需求弹性，而不必考虑商品数量的度量衡单位。

知道需求或供给有无弹性或是否为单一弹性后，在实务上

可以广泛应用于价格设定,以及市场如何应对需求与供给的位移。以下有些例子:

若需求无弹性,提高价格会带来更多的营收;若需求有弹性,则否。想象有一个乐团在巡演,预计在有15,000个座位的室内体育场演出。为了简化本例,假设该乐团的所有收入仅来自门票销售,且相关成本如旅费、住宿与设备等固定成本,无论观众多少都是相同的,同时假设所有门票都是同样的价格。乐团知道如果提高门票价格,卖出的门票就会变少。现在,乐团必须决定门票价格要高一点还是低一点,才能使营收(也就是门票价格乘以门票销售量)最大化。

假如这是一个普通流行乐团,不是乐迷被"秒杀"的乐团,乐迷对它的需求是有弹性的,只要价格下降某个百分比,就可能导致数量增加更大的百分比,因而提高整体营收,那么就该考虑降价。但是,对预期门票会销售一空的超级乐团来说,需求可能是无弹性的,有些粉丝会不计代价抢购门票。在这种情况下,乐团就可以有效地提高票价,其需求量与销售量顶多只会稍微减少。如果你是个乐迷,你可能已注意到过去10年或15年,最红的乐团就是这么做的。

当然,在现实世界中,这个问题更复杂。除了不同座位区有不同票价,促销、赠品、VIP入场证、T恤衫销售甚至是黄牛票都会使这个问题更复杂。关键是,任何乐团或厂商在设定价格时,都不应该只想着抬高价格,而应考虑其产品的需求弹性,可以用稍高或稍低的价格来试验,看看客户反应如何。

短期而言,需求与供给常常是无弹性的;长期而言,则是有弹性的。看看汽油的例子,若汽油涨价了,你该怎么办?短期而言,你会付钱,因为你的选择有限,你能做的就是把一些出差的行程合并成单趟旅程、多走一点路,或短距离就骑自行车等。多数情况下,你的需求在短期内是无弹性的。长期而言,如果汽油价格维持高位,你可能会考虑买更省油的车,或在办公室发起拼车,甚至改骑自行车上班;你可能会开始考虑搬到离上班地点近的地方,或是找一份离家近的工作。

在供给方面,商品与服务的供给者发现,花长一点时间比只花短短几个月更容易扩大生产规模。短期来看,供给量对价格可能相当没弹性,但随着时间的拉长,当厂商有机会调整时,供给的确可以变得相当有弹性。弹性解释了为什么一个经济体的价格短期内容易暴涨暴跌,因为需求与供给的弹性都不大,但长期来看,供需的数量都会调整,价格就会变得更稳定(尽管如此,价格并非固定不动)。

当需求无弹性时,增加的生产成本往往可以转嫁给消费者;当需求有弹性时,增加的成本就会由生产者承担。如果能源价格上涨,我们知道所有需要能源来生产的商品(基本上,差不多是每样东西),都将有较高的价格和较低的产量。但大部分结果都是涨价吗?换句话说,生产者可以把成本转嫁吗?或者大部分结果都是产量变少,生产者必须自己承担成本吗?让我们来看一些例子。

咖啡店使用咖啡豆，但无法控制咖啡的全球市场价格。如果咖啡的成本增加，它们可以涨价把成本转嫁给消费者吗？咖啡的需求有没有弹性？想想，顾客可以用较便宜的产品，例如茶，来解瘾吗？或者顾客可以省去咖啡师的成本，自己在家煮咖啡以节省开销吗？很不幸，对咖啡店来说，这两个问题的答案都是"yes"（是的）。因此，这些咖啡的需求是有弹性的，当咖啡价格上涨时，成本只能小幅转嫁给消费者。

弹性概念的延伸

回到本章开头的例子：提高香烟税，会有什么结果？税就像原料成本，是一项投入成本。税是当生产者制造商品时，政府向其索取的一个价格。在某种程度上，抽烟是一个选择，它与多加点奶泡的双份卡布奇诺一样，都不是必需品。但对很多人来说，抽烟会上瘾，而且替代品很少。我们预期这群人对香烟的需求是无弹性的，而证据显示，香烟价格增加10%，只会使消费的香烟数量减少3%。因此，如果向香烟业者增税，该公司可通过提高价格的方式，把大部分的税转嫁给消费者。

政府实施禁毒法，提供了另一个应用案例。禁止毒品的法律，提高了生产与销售毒品的成本。因此，主张毒品合法化的很多论点，基本上都是从弹性的角度来切入的。有人说严格执法会削减毒品用量，因为需求是有弹性的，所以较高的价格和较严厉的惩罚能抑制吸毒人数。也有人说严格执法只会使毒品商赚更多钱,因为毒瘾使得需求无弹性,严格执法会推升市场价格,但毒品商可以把成本转嫁给消费者。由于毒品市场是违法的,因此,要搜集足够的证据来支持上述任一论点都有难度。

弹性的概念,可以延伸适用于很多情况。例如,削减退休给付是否会鼓励年长者继续上班,不退休?根据弹性的概念,这个问题是:退休给付变动达到某个百分比,会使工作时长变动多少百分比?另外,削减所得税会鼓励人们多工作吗?这些都是弹性的问题,关乎数量如何响应价格的变化。

有时美国政府会提议对储蓄提供减税优惠,让人们借由个人退休金账户、401(k)[1]计划或其他方式来增加储蓄金额。这样会鼓励储蓄吗?根据弹性的观点,这个问题是:报酬率增加某个百分比,会使储蓄增加多少个百分比?资本的供给曲线在实证上是有争议的,但至少短期内而言,储蓄对于利率与报酬率是相当无弹性的。讲明白一点,对储蓄提供减税优惠,会使人们把既有的储蓄搬到免税账户,至少在最近几十年,似乎未见整体储蓄水平大幅提高。

---

[1] 401(k)计划也称401(K)条款,始于20世纪80年代初,是一种由雇员、雇主共同缴费建立起来的完全基金式的养老保险制度,是指美国1978年《国内税收法》新增的第401条k项条款的规定。90年代迅速发展,逐渐取代了传统的社会保障体系,成为美国诸多雇主首选的社会保障计划。

许多关于政策或策略的声明,号称对价格变动会有很大反应,也许是某商品的需求量(如香烟税)、某商品的供给量(如替代能源补贴)、工作时长或储蓄金额会发生明显反应。无论是酒精的罪孽税(sin tax)[1]还是购买油电混合动力车的动机,当你不觉得自己有办法翻遍旧经济期刊,搜寻有关弹性的统计值时,试图猜测任何特定政策的结果,都是自讨苦吃。但如果你去思考需求与供给在任何特定情况下有无弹性这个基本概念,那么你将可做出有凭有据的预测。

---

[1] 指对烟草、酒、赌博业等征收的税。

06 你的薪水最终由你的产出决定

> 劳动力市场与工资：在每个人才市场，工资的均衡点是由该市场的劳动力供给量相对于劳动力需求量而决定的。

经济行为通常指的是所生产的商品或服务，但也可以说是每个人早上起床上班后所发生的事情。供给与需求，一如它们在商品市场中扮演的角色，也是了解劳动力市场的关键。在劳动力市场中，我们不谈商品价格，谈的是每个工作者的工资或薪酬。就如同厂商生产的很多商品与服务有各自的市场一样，劳动力市场也有很多不同的市场，比如护士市场、消防员市场、计算机程序设计员市场等。两者有一个主要差异：在商品市场，企业是供给者，家庭和个人是需求者；在劳动力市场，家庭和个人是供给者，企业是需求者。

劳动力需求，是工资或薪酬与雇主所需工作数量之间的关系。高工资容易使企业减少对劳工数量的需求，就如同较高的价格容易使消费者需求减少。凭直觉，也能明白这一点。厂商想赚钱，如果劳动力成本增加，就会想裁员。你现在可能已经想到了，工资增加所减少的劳工需求量，取决于劳动力需求的弹性。

劳动力需求在短期内通常相当无弹性，但是长期来看，当厂商有机会整顿生产时，劳动力需求就会有更大的弹性。例如，厂商可能拥有新设备或新技术，如果有时间与动机去施行，就可以减少员工人数。

因此，回到我们的问题上：是什么因素使劳动力需求移动？答案不是"工资"。工资改变了劳动力需求量而非整条需求曲线。在每种可能支付的工资下，什么因素可以改变劳动力需求？

产出（也就是不同的商品与服务）的需求变动，会改变劳动力需求。如果没有人去听音乐会，而且交响乐团解散，一位受正统训练的音乐家就不容易找到工作。如果一个城市的大部分消费者都开美国车，一个专门修理德国车的技师的生意就会清淡。诸如此类的例子还有很多。

过去数个世纪，工人害怕新技术会减少对他们劳动力的需求且压低他们的工资。历史数据显示，虽然新技术已经使某些产业与工作被淘汰，但也创造了新的产业与工作。此外，运用这些新技术，能使劳工更有生产力，享有更高的工资。

厂商雇用工人的意愿，最终取决于生产力，即劳工生产多少东西。如果工人的生产力与工资有落差，厂商就不会雇用他们。如果工人的生产力高于工资甚多，那么在市场经济里，其他厂商就会用较高的工资挖墙脚。一般而言，工资将随着时间，由劳工生产的商品价值来决定。

现在，让我们来思考劳动力供给。再次重申，供给是一种关系，在这里是工资与劳动力供给量之间的关系。高工资通常意味着较高的劳动力供给量，因为较高的工资会使工作更有吸引力。工资增加会使劳动力供给量增加多少，同样取决于"弹性"。

对很多全职工作者（每周投入工作40小时）而言，劳动力供给是相当无弹性的。他们的工资增加10%，工作时长的增加却少于10%（很多全职工作者没有能力调整其工作时长，所以不容易估计他们如何看待工资上涨）。然而，对兼职者或是家里第二份薪水来源者而言，劳动力供给是较有弹性的，工资增加10%，通常会导致工作时长的增加超过10%。

是什么因素使劳动力供给曲线移动？劳动力供给曲线的移动，可能是人口增减等缘故——有了更多可以工作的人，在特定工资水平下即可供应更多劳工，反之亦然。人口结构变化也会改变劳动力供给，例如在一个人口老化的社会，离开劳动的人会多于加入的人，即劳动供给力下降。社会趋势也会影响劳动力供给，例如预期什么人应该去工作。20世纪70年代，很多原本是家庭主妇的美国妇女决定走出家庭，工作赚钱，改变了特定工资水平下的劳动力供给。

不同种类的劳动力市场需要不同的技能与特质，因而区分了护士市场、美发师市场、工程师市场等等。在每个人才市场，工资的均衡点是由该市场的劳动力供给量相对于劳动力需求量而决定的。懂得了这个劳动力供需架构,让我们仔细思考几个常见的劳动力市场议题:最低工资(minimum wage)、工会、歧视,以及员工福利。

最低工资是一刀两刃

20世纪30年代以来,当美国首次采用全国性最低工资时,就不断有是否提高最低工资以及提高多少的争论。最低工资是价格下限的一种形式,法律禁止雇主付给劳工的钱低于这个工资。懂得价格下限的原理后,我们预期全国的最低工资会导致劳动力需求减少。也就是说,由于较高的最低工资,会有较少的雇主愿意提供工作给无技能或低技能劳工;同时,会有更多人愿意供给这种劳动力。的确,有些证据显示,在美国,最低工资提高10%,会导致低技能工人的失业率增加1%或2%。但这种影响相当小,另有其他研究显示,较高的最低工资对就业的效果并没有显著影响。这个例子说明,美国的最低工资在最近几十年并没有比均衡工资高多少。

然而,有关最低工资的公共政策是复杂的,因为它牵涉到取舍,所以会使倡议提高最低工资的人与反对者都不满意。

反对提高最低工资的人,可以仔细思索这个说法:假设最低工资提高20%,会导致低技能工人的工作减少4%(一些证据显示),但这也暗示着提高最低工资会使96%的低技能工人加薪。很多低技能工人并非全职,一年到头都有事情可做,所以，或许这些工人的全年工作时长减少4%，但他们有工作的时长可加薪20%。在这个情境下，即使最低工资使得职缺数量或工作时长减少，提高工资也仍可能改善绝大多数低技能工人的收入，因为他们可以在较高的工资水平下，工作较短的时间。

但这个争论有另一面的看法。对失业者而言，短期成本是相当大的，微调工资的好处相对较小；比起加薪者得到的小惠，对由于提高最低工资而丢掉工作的少数人而言，损失更严重。失业率变高这种成本，不太可能平均分布于整个社会，反而可能集中在经济处于劣势的区域。此外，低技能工作通常是入门工作，一旦低技能工作变少，工人会变得更难踏上就业的阶梯。因此，对于大多数有工作的低技能工人来说，提高最低工资可能会为其提供不错的利益，但对找不到工作的人来说，会使其蒙受巨大的经济损失。

价格下限有其替代方案，因为它们是由供需力量运作的，所以经济学家经常倾向赞成这类替代方案。例如，如果政府想提高低技能工人的工资，可以投资于技能训练计划。这可让部分工人转移到更有技术性（薪资更高）的职位，且会减少低技能劳工的供给，从而提高他们的工资。政府也可以补贴雇用低技能工人的厂商，使厂商能给付较高的工资；或者通过提供减税优惠给收入低于基本门槛的人，直接补贴低技术工人的工资，这项政策可增加工人收入，而不会带给雇主任何财务负担。

工会的存在不是坏事

工会是劳动力市场中的另一个争议点，人们往往对工会带有强烈的情绪反应。这里，我们试图理性观察工会是如何在社会中运作的。工会提供两个基本功能。第一，找机会通过劳动契约的协商提高会员工资，并以罢工威胁为后盾。如果工会在谈判时态度非常强硬，雇主可能会慢慢找到削减工会势力的方法，包括使用节省劳力的机器、分包及外包给非工会成员等。因此，激进的工会的规模通常会随着时间而缩减，在某种程度上，这就是发生在美国钢铁业与汽车业工会的故事。

工会的第二个功能是培养一个更好的、更具生产力的劳动力，这可以通过一些显而易见的手段来达成，例如学徒制，以及一些更细腻的方式，例如给工人一种社群的感觉，并关心他们的工作状况。工会也充当工人的发声筒，向雇主传达其顾虑及需要。工会的这两个功能似乎是对立的，就像是乐意合作的杰基尔博士与激进好斗的海德[1]，但大部分工会在不同时期都曾扮演过其中一个角色。

如果你问工会的存在对经济是"好"还是"坏"，那就过度简化了这个问题，工会显然是可以和高收入、市场导向的经济体共存的。举例来说，相较于美国，很多欧洲国家的工会化

---

[1] 指英国小说家罗伯特·路易斯·斯蒂文森（Robert Louis Stevenson, 1850—1894）所著经典小说《化身博士》（Strange Case of Dr. Jekyll and Mr. Hyde）中具有双重人格、乐善好施的杰基尔博士，他喝下药水后，会变成犯案累累的海德。

程度非常高。美国加入工会的劳动力百分比，从20世纪50年代的大约33%掉到21世纪最初10年的13%左右。然而，在英国与意大利，大约有40%的劳动力加入工会。在斯堪的纳维亚半岛的国家，工会化程度接近70%或80%。虽然这些国家有它们的经济问题，就像每个经济体一样，但不可否认的是，以世界标准而言，它们的生活水平相当高。当工会规模缩减时，我们必须质疑一个为劳工利益发言的重要管道是否被消音了。

歧视：差别待遇

劳动力市场有另一个问题，比工会更可能引发热烈讨论，那就是歧视。用经济术语来说，劳动力市场的歧视，发生在一个人找工作被拒绝或是比同样工作者薪资低的时候，理由是这个人的性别、种族、年龄、宗教或某些因素。在供需架构中，我们可能会说，由于受到歧视，在某些劳动力市场里，对于特定族群的需求是较低的。然而，经济学家经常表示，歧视的原因有各种可能性，而且在某些情况下，市场会跟歧视对抗。

为便于讨论，我们假设有一群工作者领较低的薪资，理由是实际的生产力较低。也许这群工作者没有接受适当的学校教育，或者社会抑制这群人在初期从事某种职业。付给这些不称职的工作者低薪有点像是歧视，但在这个案例中，歧视不是发生在劳动力市场，而是发生在年轻人刚进入社会的阶段。

现在，我们来考虑两组工作者，他们有同样的生产力，但一些雇主希望对其中一组采取差别待遇，给他们较低的薪资。另一方面，假如工作者的薪资低于其生产力，他们对无差别待遇的雇主来说就有吸引力，雇主可以提供更好的工资给这些有才干的员工。在这种情况下，市场倾向于对抗差别待遇，而工作者与新雇主都从雇主无差别待遇的惯例中受益。

然而，在某些情境下，市场可以强化差别待遇。如果客户是有偏见的，不想和某个种族的工作者打交道，或者不认为某个性别的工作者应该做这份工作，他们可能会把生意给认同其偏见的厂商。又或许某些工作者是有偏见的，如果他们被迫和一群不喜欢的人工作，士气与生产力就会降低。在上述情况中，即使管理阶层本身不带偏见，追求获利最大化的厂商也会有经济上的动机，在雇工时采取差别待遇，以使生产力与销售额都维持在高档位。

最后，我们来思考另一种歧视：工作者有同样的技能，但在任不同职务时会有不同薪资。这种性别歧视，有时候称作"粉领聚集区"。女人通常被安排做某种较没有机会升迁或领高薪的工作，而男人则被安排在需要类似技能，但有更多升迁机会和高薪潜力的工作。在这种思维下，我们在实习期与低阶职位时，就需要处理差别待遇的情况，以确保所有族群都有同样的机会，发展适合他们才能的职业生涯。

总之，劳动歧视不是单一现象。它可以发生在不同时间点，在不同市场由不同角色造成，它可以反映不同诱因。歧视显然一直存在于美国社会，但现阶段把大部分责任归于雇主，并不准确也无济于事。你必须在歧视可能发生的任何地方，找到它们的源头。

最后，我们已经就工资方面谈过劳动力价格（意即金钱），但在现代的劳动力市场，劳动报酬通常是工资与福利的组合。员工喜欢福利，他们把部分的财务责任（例如，医疗照护、退休储蓄）推到雇主身上，但雇主其实不在意员工的工资是现金还是保险津贴的形式，从雇主的观点来看，所谓的均衡工资就是雇主支付报酬的总成本。这就是为什么当工会与雇主谈判劳动契约时，工会经常被要求在较高的薪资与较好的福利之间做选择。对雇主来说，这都是同样的成本。

私人企业的员工平均约有70%的总报酬来自工资，其余则是福利。例如，总薪资的10%左右是退休福利，包含退休金、医疗保险、退休储蓄账户，另外6%左右是特别休假，6%~7%是健康保险。但是，对任何员工来说，当雇主提供这些"慷慨的"福利时，员工仍然是支付这些福利的人，代价就是实际薪资变低。

对很多人来说，工作感觉像是我们和雇主之间的一种社会关系。当然，雇佣关系只是社会关系的一部分，社会互动在每个地方都会发生。你的薪资与福利不是因为你的老板慷慨或喜不喜欢你而决定的，也不是由某个公平的标准来决定的。追根究底，劳动力是一个市场，你的薪资及福利，是根据你的产出定出的价格。

07 折现值是个很重要的观念

> **金融市场与报酬率**：就像商品市场或劳动力市场一样，资本市场也可以用同样的供需架构来解释。

人们对资本市场有根深蒂固的偏见。在中世纪，罗马天主教认为索取贷款利息是一种"放高利贷罪"。目前，一些伊斯兰教国家仍然禁止收取利息，你可以想象，这使得经营银行变成一门复杂的生意。人们可能会觉得商品市场的价格或劳动力市场的工资不公平，但很少会觉得支付利息不合法。然而，很多人对利息（就是资本市场的价格）有很多批评，甚至觉得是错的。为什么会这样？

可能的理由是，商品与服务是有形且看得见的，而资本市场所交易的东西很难让人理解。大约30年前，苏联旧式的经济规划人员，手上握有和该国经济相关的2000万种商品名单。工作是我们每天生活经历的一部分，但资本市场的利息与报酬是抽象的，而且资本市场的运作似乎是看不见的。"投资"这个专有名词也使人容易混淆，因为它有不同的用法。有时，"投资"是指购买股票与债券等金融工具，有时则指企业购买实物资本（physical capital），例如机器或厂房。前者指的是投资人，他们是在最小风险下追求最大报酬的资金供给者。后者其实指的是厂商，他们是把资金转换成有形资产的资金需求者。因此，"投资"可以指供给或需求，难怪令人困惑！为了避免混淆，当我的意思是资本供给时，我会用"金融投资"（financial investment），而当我的意思是用来建立资产的资本需求时，我会用"实物资本投资"（physical capital investment）。

储蓄好？投资好？

就像商品市场或劳动力市场一样，资本市场也可以用同样的供需架构来解释。资本的供给，来自那些储蓄资金的人，我们通常想到这些资本供给是来自家庭，其实企业也会存钱，但由于企业是由股东持有（因此最终是由家庭拥有），因此你可以把企业想成代表家庭而储蓄。

经济学家认为，资本供给是家庭的资金供给量（也就是家庭储蓄）与它们提供资金所得到的价钱（也就是报酬率）之间的关系。我会经常用利率作为资本报酬率的具体例子，其实购买公司股票或小企业股份的投资报酬也属于资本报酬。你可能预期资金供给量应该随着报酬率的上升而上升，也就是当价格上升时，供给量会上升。然而，在实务上，人们储蓄的资金量似乎没有随着报酬率的上升而大幅增加。相反，人们储蓄的金额似乎更取决于习惯、文化形态以及雇主因素。

从经济学家的观点来看，资本需求也是借款人的资金需求量与他们需要支付的报酬率之间的关系。金融资本需求是来自现在需要资金并且愿意支付利息的人。利率低时，资本需求量较高。例如，如果某人想买汽车，当车贷利率较低时，他们更有可能买车。同样，当厂商可以用较低的利率借钱时，他们就更可能进行厂房与设备的实物资本投资。

如果你把资金供需组合起来，在某个均衡报酬率下，你会得到储蓄与投资金额的均衡点。资金有很多不同的市场，就像劳动与商品有很多不同的市场，主要差异在于被投资的对象，是大厂、小厂、个人还是政府？资金接受者的财务史是一个相关因素——它有良好的还款记录吗？这笔金融投资只是最终要收回的一笔贷款，或是想买该企业的股份？这些因素都很重要，会决定每个金融市场的供给、需求与报酬率。

思考资本市场如何运作时，它的关键交易是跨时间发生的。当你正在买卖商品时，交易是在一个时间点发生，劳动也是在一个时间点履行。但当你借钱时，意即当你取得资金时，你是在当下获准使用这笔钱，并在以后还款。助学贷款、抵押贷款或是厂商的设备采购贷款，都是这种情形。在供给面，当你去银行存钱时，就是同意现在把钱给某人，而在以后得到报偿。你交付这笔钱，即预期未来将收到还款及某个报酬率。

因此，相较于未来还款所付出的代价，你该如何计算这笔贷款目前的价值？经济学家利用折现值（present discounted value）的概念来计算，它是把不同时间点发生的成本或效益拿来直接比较的一种方式，指的是未来所要得到的款项，如果现在就回收，会值多少钱。

以实务为例，一年后可收到100美元，现在值多少钱？为便于讨论，假设你的银行账户利率是10%。你拿出计算器，算出假如你现在收到90.91美元且用10%的报酬率投资一年，那么一年后你会有100美元。因此，一年后的100美元，现值就是90.91美元。

两年后的100美元，现在值多少钱？如果利率是10%，你会发现目前投资82.64美元，两年后你会有100美元。因此，两年后的100美元，其现值就是82.64美元。这个计算方法是，折现值（PDV）等于未来值（FV）除以"1+利率（r）"的t次方，t为年期。或者把它写成公式：$PDV=FV/(1+r)^t$。如果在未来的不同时期有一连串付款时，折现值的算法可套用于每笔未来款项，然后加总起来成为总现值。

折现值的概念大量用于商业与金融。企业必须思考目前建立新厂房与设备的投资费用，把它和未来用这个设备生产东西可获得的报酬做比较。举例来说，我们假设某公司盖新工厂要花200万美元，并计算5年后可赚300万美元。5年后的300万美元需要折为现值，来和厂商目前正考虑支出的200万美元直接比较。

如果你有房屋贷款，那么折现值也是很重要的概念。如果贷款年限是30年，你看看总付款额，会发现这段时间自己其实在支付一笔庞大的利息。现值的概念可以解释为什么会这样：你所有的分期付款（包含利息）的总价值，恰好等于房子的折现值，也就是购买价。毕竟，你可以付现金买房子，现在就支付购买价；或者你可以借钱，然后分期还款。这些付款方式有相同的经济价值。对我来说，慢慢还房贷比立刻付清更容易，但这两者的折现值是相同的。

谈到社会政策时，政府的很多计划都涉及现在购买或建设某样东西，以便将来能得到回报。很多环境政策是在当下有成本，在未来有效益。为了交通建设，可能需要现在建高速公路，以便未来能保护生命安全。现在教育小孩，回报就是他们在未来可以成为更有技能的劳动力。政府制定政策时，也需要运用折现值这个概念，来分析成本与效益。

折现值有一个奇特的应用。当大部分乐透彩宣称头奖累积彩金时，它们是把未来30年你会得到的所有款项加总。它们从没有告诉你这些款项的现值，只是把你在未来30年会收到的支票加起来。几年前，美国新泽西州议会提出一项法案，建议如果有一个老年人中了乐透彩票，他可以要求一次付清，而非分配在未来30年。因此，乐透彩票委员会必须解释其宣称在未来30年支付的积累彩金并非折现值，其现值只有这笔钱的2/3，它仍是一笔庞大的金额，只不过不像广告中所说的那么大。乐透彩票不使用折现值，而是把未来支付的款项加总，让它们的彩金看起来比实际上更多。

企业筹资的管道

现在,你已经有了金融市场运作的基本概念,我们将把重点放在需要资金的企业。想做资本投资的厂商,可以找到好几个资金来源,其中一个是留存收益(retained earnings),较常听到的说法是利润。"留存"的意思是企业决定持有这笔钱,将它再投资于企业而非以股利付给股东。你可以把它想象为厂商自己储蓄,然后代表外部投资人再投资于厂商本身。对于历史悠久的企业而言,留存收益是用于实际投资的主要资金来源。

企业还可以用两种方式筹钱——向银行借钱或是发行债券。向银行借钱对大多数人来说是熟悉的,但债券则较陌生。债券有面额、利率与期限三项要素。举例来说,面额1000美元、利率8%且期限十年的基本债券,在未来十年中,每年会支付8%的利息,且在十年期满后会偿还面额1000美元。债券只是厂商借钱的一种方式,但不是向银行借,而是向买家借,这些人可能是个人或组织,例如退休基金或投资公司。如果厂商不还钱,其可能会被依法宣告破产且被接管。当然,公司只有在相信投资报酬够高,付得起利息且仍有利润时,才会向资本市场借钱。

债券所付的利率是根据风险而变动的。高获利的企业,像沃尔玛,可以用相当低的利率发行债券,因为人们知道它很可能会还钱。同样,政府至少是稳定的机构,也可以用较低的报酬率来发行债券。相反,较不稳定的企业可能会发行高利率、高风险的债券,或称"垃圾债券"(junk bond)。

企业筹资的最后一种方式是通过有价证券,较常听到的是公司股票。公司股票基本上是把公司的一部分所有权卖给股票持有人。因此,如果一家公司总共有100股的股票,而你拥有其中20股,那么你就拥有这家公司20%的股权。如果该公司把利润变成股利支付,那么你就能根据自己拥有该公司股票的比例获得股利。如果该公司被出售,那么该公司卖价的20%应该归你。然而,股票不像债券有预先决定的利率,也根本无法保证股票持有人会获得固定利息或任何报酬。买卖股票可能比债券的报酬率更高或更低,甚至会出现负数。

卖股票通常是初创、小型公司募资的一种方式。小公司通常会卖一些股票给专业投资人,例如创投公司或是想把钱投入的"天使投资人"。小公司在成长过程中,通常需要大笔资金以维持成长动能,这时就是公司上市在公开市场卖股票的时候。公司只有完全站稳了,才较可能利用本身的利润、债券或举债(在某些情况下)来做资本投资。为了大幅扩张,公司可能会发行更多股票,例如并购另一家厂商,但不能无限制发行股票,因为股票是公司的部分所有权,发行越多股票,表示这家公司的所有权被分割得越细。如果一家公司有100股股票,在来年发行另100股,那么原始股东的所有权比重就会被稀释，这家公司就很可能被视为差劲的投资标的。

募资与投资是特别重要的，因为实物资本与创新来自投资，投资对扩大生产力及提高生活水平有重大贡献。美国社会的储蓄与投资比例一向落后于很多工业化国家，而一个经济体取得资本投资效益的能力，是建立在家庭储蓄及投资意愿上的。

08 人一生积累财富的关键是什么？

> 个人投资：评估投资标的时，要衡量四个要项：报酬率、风险、流动性、税负。

家庭所面临的重要的经济决策之一，就是如何为退休生活而储蓄。退休前需要存的钱多得吓人，没人有机会过几十次人生，每次都来试验不同的退休策略，你只有一次机会。从供需观点来看，退休储蓄的决策牵涉到资本市场的供给面。人们储蓄与投资，提供资金给资本市场，就是希望在没有太多风险的情况下累积财富。

复利的力量

人一生累积财富的关键，在于复利（compound interest）的力量。它是这样运作的：假设你从100美元、利率10%开始，在第1年的年底，你的账户会有110美元（原始存款加上利息）。在第2年年底，你会赚到110美元的10%，合计为121美元。在第3年年底，你会赚到121美元的10%。在第4年年底，你会赚到133.1美元的10%，依此类推。注意，利息金额每年都增加一些（称为复利），这是因为计算时的本金每年都在增长。随着时间的拉长，复利的力量可以使储蓄带来令人满意的可观报酬。

以下是经过一段时期的金融投资，在某个报酬率下会有多少获利的计算公式。以起始金额（现值）乘以"1+利率"的 t 次方，t 是这笔钱储蓄的年期，就会得到未来值。拿一台计算器，试着输入不同的现值与利率，看看这笔钱在储蓄 10 年、25 年与 40 年后会增加到多少，结果可能会令你瞠目结舌。

时间	年利率		
	5%	10%	15%
10 年	$1629	$2594	$4046
25 年	$3386	$10,835	$32,918
40 年	$7039	$45,259	$267,863

原始储蓄 1000 美元，在 10 年、25 年与 40 年后的累积总金额。

当我们考虑退休储蓄时，还有很长时间可准备，这就能让复利发挥作用。如果某人在 25 岁时拿出 1000 美元，以每年 5% 的利率来投资，当他到了 65 岁，这 1000 美元会增加到 7000 多美元。如果是更积极的投资，报酬率为 10%（大致上是美国股票市场过去几十年的平均报酬率），10 年后这笔钱会增加到将近 2600 美元。在 25 年后，是将近 11,000 美元。最后我们来看，1000 美元、年报酬率 10%，经过 40 年会变成 45,000 多美元。想拥有更积极的投资规划吗？根据 15% 的年报酬率

(这会需要一些运气),在 10 年后,这原始的 1000 美元会变成 4000 美元。在 25 年后,原始的 1000 美元会增长为 33,000 美元。接下来是更庞大的数字:1000 美元、年报酬率 15%,经过 40 年会变成 267,863 美元,这是令人难以置信的倍数。

老实说,15% 的报酬率是过高了,但 40 年的时间规划是有意义的,因为它大致是工作生涯的长度(25~65 岁)。这并非全然不可行,如果你能从 25 岁或 30 岁左右开始,每年存 5000 美元,等你退休时,将拥有超过 100 万美元的储蓄。这不是一个快速致富的计划,但结果令人赞叹,更重要的是它切合实际。

你能冒多大风险?

总之,当你考虑一项金融投资时,你要思考的不只是报酬率,不只是期望每年 5%、10% 或 15% 的报酬率,也要考虑另外三个因素:风险、流动性与税负。在选择对你最重要的某些因素时,你将会面临这些因素与报酬率之间的取舍。

投资风险的定义是,报酬率相对于该投资的平均期望值有多高或多低,资本市场就是用这种方式来说明"实际情况因人而异"的。美国国债是风险很低的投资,几乎可以保证你获得的报酬率。投资一家生产新技术的公司,风险则高得多,你不知道这家公司是否会成功,但它可能出人意料地成功。在其他条件不变的情况下,风险是不受欢迎的。也就是说,如果两项投资都承诺同样的平均报酬率，你应该会偏好同期报酬率波动较小的那项投资，这表示它的风险较低。因此，风险较高的投资，例如购买初创小公司的股票，必须提供较高的报酬率来吸引投资人，同时也是对他们经受波动的补偿。

投资特定公司或特定债券的风险，可以借由"多样化"分散投资而减少。多样化（diversification）的意思是购买许多不同投资标的，以降低整体风险。多样化是有效的，因为某些无法预期的差劲投资，会被其他出人意料的良好投资所抵消。因此，就像俗话说的，不要把鸡蛋放在同一个篮子里。对单个投资人来说，也许最容易的多样化做法就是投资共同基金，把一组股票或一组债券结合在单项投资里。稍后，我们将谈到更多共同基金的内容。

"流动性"，是把投资转换为现金的意思。银行账户相当有流动性，很容易把钱取出来；房子不是很有流动性，因为要花一些时间和精力才能卖掉；金融投资，比如股票与债券，则介于这两个极端之间。一般而言，在其他条件（例如报酬与风险）不变的情况下，你会偏好流动性好的投资。

最后要考虑的因素是，税法是否有利于该投资。某些投资可免除所得税，例如政府债券的利息收入；而有些投资所得是要课税的，在你卖掉该投资时才付税金，投资股票与房子的资本利得也是。

税收减免固然造福了投资人，但是，在凡事有得必有失的世界里，税收减免越多，意味着别的东西越少。例如政府发行的免税债券，就会比有课税的债券报酬率要低。你不必缴税，但你的报酬率就不会那么好。照理说，收入高且税负重的有钱人应该更关心减税事宜，并据此慎选投资项目。收入低、税负轻的人，就不用那么关心投资所得税的问题了。

你的年龄——或许更明确的说法是你离退休还有多久——也应纳入金融投资考虑。退休后，大部分人没有很多收入，因此不需要付很多税金，减税不是那么重要。但是，在主要的工作赚钱期间，假设是30～55岁，大多数人会有较高的收入与税负，因此减税就比较重要。

各种个人投资工具

现在我们来思考各种潜在的金融投资，如何用四个因素（报酬率、风险、流动性、税负）来衡量，以及如何在这些因素中做取舍。尤其是报酬率和风险之间的取舍，借用伯顿·马尔基尔[1]（Burton Malkiel）所说，以睡眠安稳量表来反映风险程度：如果把钱投入这项金融投资，你晚上睡得安稳吗？

先说银行账户。银行提供很低的报酬率，而且利息要课税，但非常安全且流动性很好。在美国，政府还会提供存

---

[1] 伯顿·马尔基尔（1932—　）：美国经济学家，耶鲁大学经济学教授，"有效市场"理论的主要拥护者，1973年出版投资经典《漫步华尔街》（A Random Walk Down Wall Street），至今热销40余年。

款保险,通过联邦存款保险公司(Federal Deposit Insurance Corporation, FDIC)保障存款在银行账户的安全性。根据马尔基尔的睡眠安稳量表,如果你把全部的钱存在银行账户里,那么你大可以昏睡不醒,因为它的风险程度接近零。

银行账户往上升一级,可能是货币基金。货币基金投资于很多风险很低的债券,可能是政府或大公司发行的债券。你在货币市场会得到比银行账户稍好一点的报酬。货币基金仍然相当有流动性,也相当安全,但不如银行账户。根据马尔基尔的睡眠安稳量表,把钱投入货币基金,你可以在下午小睡,然后晚上也能安然入眠。

下一个投资类别是定期存单(简称定存或称CD)。定存是在一定时期内,把资金存放在银行或金融机构的合约。可能是六个月、一年或数年,不论时间多久,你在这段时间不能碰这笔资金。这么做的好处是,你会得到比一般银行账户更高的报酬率。定存的资金很显然不是很有流动性,遇到紧急情况时,虽然可以取回这笔钱,但得付点罚金。然而,它的报酬率优于银行账户,而且多少有些保障。根据马尔基尔的睡眠安稳量表,你仍然可以安然入眠。

至于多样化的公司债投资组合,或投资于这类债券的共同基金,又如何呢?记住,债券是在一段固定时间内,可以预先决定报酬率的一种投资工具。通常,一个多样化的公司债投资组合,会给你优于定存的报酬率。如果你通过基金买债券,当有需要时,通常相当容易将你的投资转换为现金。然而,它的风险会稍微高一些,在大部分情况下,债券的报酬率是一个固定利率,这表示如果通货膨胀与市场利率[1]上升,你就会被锁在这个较低的固定利率上,因而吃了亏。因此,若把钱投入债券基金,风险会高一些。睡眠安稳程度可能是:你仍然可以整晚都睡着,但偶尔会做噩梦。

接下来的选项是多样化的蓝筹股投资组合。蓝筹股(blue chip stocks)指的是大型、知名公司的股票,例如通用电气、沃尔玛、美孚等公司。共同基金持有很多这些信誉卓著、长期获利的公司的股票,它提供优于债券投资组合的报酬率,因为股票的风险比债券高,即使是蓝筹股,亦然。然而,股票有节税优点,因为在卖出之前,你不必对资本利得缴税。因此,如果你长期持有股票,在获得资本利得前,都可以暂时不必缴税。此外,投资组合多样化也能降低风险,任何一家公司的股价下跌,也不致让你损失太多。如果是买股票基金,流动性也足够。

然而,你的股票投资组合很可能不但没有保障,而且还可能亏损。例如1987年的股灾,股市在一天内就蒸发了20%的市值。而2000—2001年是缓步崩跌,从2000年8月到2001年9月这倒霉的13个月里,在纽约证交所挂牌的股票平均跌了

---

[1] 固定利率即债券的票面利率,市场利率也称为名义利率,而名义利率减去通货膨胀率,就等于实际利率。

18%。2007—2009年经济衰退时期，从2007年10月到2009年3月，纽约证交所股价平均而言都被腰斩了。因此，如果你投资的是持有多种股票的基金，根据睡眠安稳量表，你在入睡前可能会辗转反侧，而且睡醒之前会经历一些恍若真实的梦。

想要多冒点险吗？不妨试试多样化的高成长股票投资组合。成长股是较不成熟的公司的股票，这种投资一般会比蓝筹股提供更高的报酬率。幸运的话，你可能会有好几年得到比市场长期平均10%还高的报酬率。同样，如果是买股票基金，流动性也足够。尽管多样化投资这些股票可分散一点风险，但毕竟这些公司本身是风险较高的。例如，从2000年8月到2001年9月，当纽约证交所蓝筹股市值跌了18%时，纳斯达克证交所小型成长股的市值，跌了约60%。这钱不只是损失了，而是融化了。因此，按照睡眠安稳量表，如果你把钱投入成长型股票基金，你将噩梦连连；但如果你可以长期持有，经历一波又一波的涨跌洗礼，最终你在晚上还是可以得到充分的休息。

如果你买了一套房子，它不只是一个住的地方，也是一项房地产投资。对多数人而言，房子是他们至今做过的最大的单笔投资。历史上，拥有房产的平均报酬率都是正数，但对于处在萧条市场的每位房主来说，等待房屋价值攀升可能要花一段很长的时间。换句话说，长期（以十年为单位）风险相当低，但短期（以月或年为单位）风险高了很多。房屋的流动性差，但好处是购房可能有税负抵减。我们很难用睡眠安稳量表来衡量住房投资，因为从个人角度来看，住家的意义远大于投资，至少房子给了你一个生活和睡觉的地方。但房子也可能让你失眠，就像自2006年起美国房价下跌后，数以百万计的美国家庭所经历的情况。

个人可从事的最后一种投资是贵金属，例如黄金、白金，这些贵金属是个人可从事的风险最高的投资之一。贵金属市场价格波动剧烈，如果你买卖时机正确，的确可能大赚一笔；但若时机错误，损失也很大。根据睡眠安稳量表，你肯定会失眠！就我本人而言，我还是把这些投资交给专家吧。

你能用多少时间投资？

脑海里有了这些选项后，个人投资的最佳策略是什么呢？真相其实是：没有一体适用的方法。考虑你的投资时间规划，会是一个有用的出发点。短期而言，股市的风险很高，但如果视为长期储蓄（例如几十年后的退休生活），那么行情的起伏很容易互相抵消，长期下来，很有可能因耐心而得到回报。然而，如果你这笔钱是要用来采买本周的食品杂货，或是为下个月的贷款、下学期的学费着想，那么你可能就无法忍受太多风险。你若要确保钱的安全、流动性，就别奢望高报酬率。如果你的时间规划介于上述两者之间，例如计划几年后买新车或较大的房子，那么你可能无法承受股市风险，但可以忍受比存银行高一些的风险。债券与定期存款可能是你的最佳选择。时间范围,是你对风险承受度的一大关键因素。

也许多数人对其退休金所犯的最大错误,是没有承担足够的风险,尤其是在早期阶段,因为太在意财务安全,所以把太多钱投入债券、银行及货币基金。人们即使到了五六十岁,一般预期也可以再活 20 年或 30 年甚至更久,那可是一段很长的时间,可利用复利来累积财富。

那么,何不只挑选报酬率最高的股票,然后把全部的钱投入那只股票?为什么要瞎扯这些风险、流动性与多样化的概念?当然了,问题在于没有人知道哪只股票未来会提供最高的报酬率。股价是基于市场对这家公司未来获利的预期的。股价上涨的原因是,新信息显示该公司会比以前更赚钱,但这些新信息就本质而言是不可预测的。正因为你不能预测会出现什么样的新信息,所以股价涨跌是不可预测的,这就是统计学家或经济学家所说的"随机漫步"[1](random walk)。

你真正想买的股票,是别人认为前景不好(需求量低,因此价格低),但未来每个人都将认为是只金母鸡(需求量高,因此价格高)的股票。或许,我是说或许,每周工作 60 小时或 80 小时的资深专业投资人可以定期挑出这类股票。但如果你是坐在家里读《华尔街日报》里昨天写的更早以前发生的

---

[1] 随机漫步是一种数学统计模型,由一连串轨迹组成,其中每一次都是随机的。证券价格的波动是随机的,就像醉汉走路,价格的下一步将走向哪里,是没有规律的。

新闻,那么你应该明白,股市专家在几周前就知道大部分消息了。你不可能用这种方式看透市场行情。《华尔街日报》或《福布斯》杂志的财经记者有时会组织"标靶基金",从字面来看,就是某人在房里对着钉在墙上的报纸证券版投飞镖,然后买进他投中的任何一只股票。之后,他们把标靶基金和专业投资人的投资绩效拿来比较,结果如何?标靶基金的绩效差强人意,而那些专业投资人也半斤八两。

所有的投资忠告最终都基于一个事实:你需要存些钱,越早开始越好。无论你是二十几岁、三十几岁、四十几岁还是五十几岁,总是有上百万个理由让你无法存钱,但如果你不稳定储蓄,到了60岁或65岁才想求得锦囊妙计,让你在退休后享有高水平的收入,那根本是缘木求鱼。

09 垄断的本质是对勤劳者课税

> **从完全竞争到垄断**：经济学家约翰·希克斯爵士曾说，垄断的最大好处，就是平静的生活。

我们已经讨论了经济学家如何从微观经济的观点来看经济。也许可以把这个观点总结一下，即：微观经济牵涉到市场上（商品、劳动力与资本市场）供给与需求互动的力量。从本章起，我们要讨论这些市场力量走偏的状况。例如，厂商追求获利对整个社会来说是一刀双刃。获利的欲望，促使厂商生产高质量、低成本的创新产品，造福了消费者。但是，追求获利也会鼓励厂商哄抬价格、对质量不够用心、不诚实、制造污染等不受欢迎的行为。政府在经济上所扮演的角色之一是制定法规架构，鼓励追求获利的正面结果，并抑制上述黑暗的经济力量。本章将讨论独占或垄断和其他不完全竞争的市场是如何运作的，下一章将讨论政府消除竞争行为的政策。更后面的章节则研究在没有规范的市场中可能发生的种种问题，包括污染、贫穷、收入不均、功能失调的保险市场等。

在谈企业如何竞争之前，我们应该花点时间探讨"企业"

的含义。在美国，企业规模从一人公司到超大型公司都有。企业所有权可分三类：独资（proprietorship）是由单个人所有；合伙（partnership）是由一群人所有；公司（corporation）则是有法律实体的组织，独立于其持有者，可能由一人或一群股东所有。21世纪最初10年初期，美国大约有1800万家独资企业、200万家合伙企业以及500万家公司企业。虽然公司在数量上不是最大类别，但在规模上占主要地位。这500万家公司的营业额约为20万亿美元，而200万家合伙企业的总营业额只有约2.5万亿美元，1800万家独资企业的营业额则约为1万亿美元。

美国经济涵盖的产业类别非常广泛。如果翻阅政府的统计数据，你会发现主要的产业门类包括：农业、采矿、公用事业、建筑、制造（当然，这里面包括了很多不同的产品）、零售（这里也有很多不同的产品）、交通、电信、广播、金融、房地产、专业与技术咨询、废物管理、教育、医疗、艺术、娱乐、餐饮、食品、汽车维修、清洗……这个名录会很长。你可能会认为，几乎每个人都在大公司工作，但实际上不是这样的。500人以上规模的企业只雇用了约全国职工总数的一半，另一半职工是由500人及500人以下规模的企业雇用的。其中，20人及20人以下规模企业雇用了大约1/5的职工。在美国，每个经济年度差不多新增50万家企业，同时会有近50万家企业倒闭关停。你可能会认为这些新增的企业都是些小企业，实际上，这些新成立的企业中，有好几百家是500人以上规模的企业。

四种竞争类型

任何类型的企业，在任何规模、任何产业下，都可能会涉及四种不同的竞争类型。想象这四种类型分布在一条光谱上：一端是"完全竞争"（perfect competition），有很多小企业在制造几乎一样的产品；另一端是"垄断"（monopoly），单一生产者在特定市场几乎拥有全部的营收；介于两者之间的是"垄断竞争"（monopolistic competition），是指很多企业争相销售稍微不同的产品，例如每家餐厅都卖食物，但所提供的东西各有不同的风格与质量；最后是"寡头垄断"（oligopoly），它有点接近垄断，只是并非由一家企业囊括全部的市场营收，而是少数企业在特定市场拥有大部分或全部营收。以下仔细讨论每种类型。

完全竞争产业的主要特征是价格接受（price taking），也就是说，完全竞争的企业必须接受市场给定的价格。这些产业的厂商别无选择，原因是消费者很容易找到替代品。如果完全竞争的企业把产品价格提高一块钱，那么消费者就会去其他厂商那里购买同样且更便宜的产品。企业可以很容易进出一个完全竞争的产业，这是因为产品简单易做，通常是众所周知的物品，如袜子、木螺丝之类。在这种竞争环境中，价格会密切反映生产成本，因为竞争迫使价格降到最低，仅高于生产成本。因此，完全竞争市场中的企业，大都只能赚取同样低的利润。

根据教科书里的定义，真正的完全竞争就像是实验室里的纯气体：它是理论上的极端情况，而产品也很少是一模一样的。人们可能偏好某种风格和颜色的袜子，或偏好某种螺丝起子与木制螺帽完全贴合的感觉。还有很多要考虑的，例如供给的可靠度或产品质量。但完全竞争的概念（产品一模一样而以价格竞争）可以作为有用的比较基准，一些日常生活用品，例如汽油、电视机和农产品，在市场上的运作很接近完全竞争，许多产品几乎一模一样，而且价格竞争激烈。

光谱的另一端是垄断，单一卖家在特定市场拥有全部或大部分的营收。例如，微软在20世纪90年代晚期与21世纪最初10年早期，主宰了计算机操作系统的市场；大约20～30年前，IBM主宰了大型计算机市场；施乐曾经主宰复印机市场；美国邮政服务公司至今仍主宰邮件投递市场。大部分人无法选择由谁来收集垃圾或提供电力，这些通常也是垄断，只不过是属于当地或区域性的垄断。

要如何才能达到垄断状态？通常是用一些障碍，阻止其他厂商进入市场。例如，假设进入障碍是某项技术专利，比如药厂发明了新药，拥有这项专利的药厂就成为唯一能制造这种药物的厂商（至少在某一段期间内），因此它可能是同业中唯一卖这种药的公司，进而垄断了市场。事实上，赞成专利的经济论点是：允许专利在一段期间内的独占地位，可以促进创新。这种有限制期的垄断，其权衡取舍的是公共的利益。

有些垄断是由法律创造出来的。例如，美国邮政服务公司在邮件市场有独占地位，而在美国大部分城市，当地政府在垃圾收集市场有独占地位。另外一个进入障碍是所谓的"自然垄断"。当这个产业出现规模经济现象，提供大型、稳定的企业胜过新进企业的优势时，就会发生自然垄断。例如，相对于小型太阳能发电厂，一座大型水力发电水坝可用较低的平均成本生产电力。一旦有了水力发电，小型电力生产者就很难进入市场，即使它们可能在成本上有竞争力（如果它们也可以用较大的规模来生产）。若产业中所有大厂都合并，或至少同意一起行动，理论上也会发生垄断，但以反托拉斯法而言，这是违法的行为。

和完全竞争市场不同的是，独占企业在市场有设定价格的能力，可让价格高于生产成本，因此可赚取较高利润。独占企业会根据该产品的需求弹性来定价，如果产品的需求很没有弹性，那么独占企业就可以提高价格，而需求量只会小幅下降。我们再回头来看垄断某种药品的药厂，如果那是唯一有效的药品，病患势必会为它付出大笔金钱。

然而，垄断者不一定只是从金钱上得到利益。经济学家约翰·希克斯爵士[1]（Sir John Hicks）曾说："垄断的最大好处，就是平静的生活。"没有竞争者，厂商就可以放松；而在一个完全竞争的市场中，你一刻也不能放松。19世纪的英国经济

---

[1] 约翰·希克斯（1904—1989）：英国经济学家，1972年与肯尼斯·约瑟夫·阿罗（Kenneth J. Arrow）共同获得诺贝尔经济学奖，被视为20世纪最重要和最有影响力的经济学家之一。

学家、哲学家约翰·斯图尔特·密尔[1]（John Stuart Mill）说过："没有竞争的地方，就有垄断。垄断的本质就是对勤劳者课税（如果不是掠夺），它之所以能这么做，是因为懒惰者的支持。"在最坏的情况下，独占企业有两个选择，不是变得懒散、无效率，就是有能力通过较高的价格榨干消费者。

垄断竞争的本质，较接近完全竞争而非独占。当很多厂商借由销售"差异化"的产品（意即产品相似，但不是一模一样）来竞争时，就会出现垄断竞争。例如，你去商店买裤子，你可以买牛仔裤或卡其裤，也可以买羊毛裤，然后你可能去不同店家选购这些商品。这些商店竞相销售裤子，但它们不是一模一样的产品。另一个差异化的例子是地点，你可能每周会在下班开车回家的路上加油，却不曾光顾离你回家路线不远的加油站。或者厂商可能会为买家提供不同的激励：我应该在打八折的A网络商店买这本书呢？或是在提供免费运送的B书店呢？

和独占企业一样，垄断竞争的厂商也有一些设定价格的能力，可根据需求弹性来定价，但它提高价格的能力不像独占企业那么大，它仍需考虑竞争者的价格。此外，垄断竞争市场没有进入障碍，可以开更多餐厅，可以有更多服饰店，也可以设更多加油站。因此，如果卖烧烤的餐厅在你家附近流行起来，那么就会有更多烧烤餐厅陆续开张。由于这种进入与退出市场

---

[1] 约翰·斯图尔特·密尔（1806—1873）：英国古典自由主义思想家，是功利主义的重要代表人物之一。

的过程，垄断竞争的厂商在短期可以赚到比平常高的利润，但长期则不然。厂商们的利润越高，对想进入的竞争者而言就越有吸引力，然后更多的竞争就会把价格与利润越压越低。

从消费者的观点来看，垄断竞争的好处是它为企业提供了强大的动力，去发现趋势、产生创新以及提供多样化产品。经济学家没回答的问题是，自由市场是否能提供适量的多样性。我们大多喜欢丰富多样的世界，不会愿意生活在全穿蓝色牛仔裤和白色T恤、每天吃白面包和奶酪三明治的世界，即使这个社会只生产一种牛仔裤、T恤、奶酪与面包会更有效率。相反，就算我们有数百款篮球鞋或香皂可选择，我们实际上会生活得更好吗？答案还是不一定。

最后，寡头垄断的本质较接近独占而非完全竞争，是指一些厂商在一个特定市场拥有大部分或全部的营业额。例如，可口可乐与百事可乐主宰了软饮料市场的营业额。对于任何寡头垄断市场而言，关键是厂商是否彼此激烈竞争，如同完全竞争一般使得利润下降，或者它们是否（也许是不公开的）共谋使价格维持在高位，就像独占一样。

企业领导人通常不太赞成竞争。毕竟，你是想经营一家完全竞争的企业（为了蝇头小利和很多竞争者厮杀）还是一家独占企业（公司有很大的定价自由，可改变生产方法以及获取高利润）？竞争让商人过得非常辛苦。相反，消费者应该赞成竞争，因为竞争可以提供更低成本的创新产品，市场竞争是对消费者最有利的方式。

10 是大池塘里的小鱼,还是小池塘里的大鱼

> **反托拉斯与竞争政策:** 独家交易、掠夺性定价等名词的定义,看起来模糊且不确定,但的确就是如此。

经济学家看似终生歌颂竞争市场,但几个世纪以来,他们已充分意识到,企业通常试图避免竞争。如同经济学始祖亚当·斯密在《国富论》中的名言:"即使只是为了欢笑作乐,同业也很少聚在一起;倘一旦有了对话,往往不是密谋对大众有所不利,就是共谋涨价手段。"如何避免企业密谋,鼓励它们竞争呢?

美国执行反托拉斯(antitrust)与竞争政策的主要联邦机构,是联邦贸易委员会(FTC)与美国司法部。FTC是直接向国会报告的独立机构,由五位委员领导,这五人由总统提名,参议院表决同意,任期七年,其中不得有三位以上的委员属同一政党。美国司法部有专门负责反托拉斯的部门,调查并起诉违法竞争的案件。

这些管理机构的主要任务之一,是确保企业不会合并为独

占企业。根据法律,联邦政府在企业合并案成立前有权审查。美国政府对企业合并案不太有敌意,FTC官网甚至说:"大部分企业合并案使企业得以更有效率地营运,实际上有利于竞争与消费者。"但它也警告:"有些企业合并案可能削弱竞争,导致价格提高、可获得的商品或服务减少、产品质量降低,以及创新减少。"基本的哲学是在两者间取得平衡:美国基本上是一个自由市场,允许企业自己做选择,但如果企业的选择会限制竞争,且会转嫁成本给消费者,消费者就会要求政府介入。

在美国,企业合并案中,若有任何一方年营业额超过1亿美元,当事人在合并案成立前就必须通报政府。21世纪最初10年中期,美国每年约有2000件合并案被核准,其中约有一半是成交金额2亿美元以下的案子,大约有10%的案子金额超过10亿美元。这些合并案中每年约有200件会引起政府注意,要求提供更详细的信息。这可能导致三种结果:政府可能阻止合并案;可能有条件核准(通常会要求一部分有垄断市场疑虑的业务,在合并时要分售,不能纳入并购标的内);或者让合并案如期通过。

竞争与规避竞争的戏法

但是,企业避免竞争的问题,并不是这样就结束了。企业不必真的合并,也可以规避竞争,例如协议同时进行涨价。当企业公然共同涨价明显违法且有违常理时,FTC就应该判断业界是否是以不成文的默契哄抬价格。

企业反托拉斯的其中一项任务,是定义市场上的竞争程度,然后判定是否为充分竞争。衡量竞争程度最简单的方式是四大企业集中度(four-firm concentration ratio),做法是将该产业前四大企业的市场占有率(简称市占率)加总起来。最极端的例子是市场上只有四家企业,这四家企业的市占率加总起来是100%,所以四大企业集中度是100%。四大企业集中度较高,表示竞争是有限的。虽然四大企业集中度是一个可堪使用的竞争衡量指标,但它有时不够精细。想想看,某个有八家企业的产业,假设其中四家各有20%市占率,另外四家各有5%。此时,四大企业集中度是80%。假如一个产业有八家企业,第一家有65%的市占率,其余每家都是5%呢?你仍然会得出四大企业集中度为80%的结论,但实际情况是,这个市场很接近独占。

赫芬达尔-赫希指数(Herfindahl-Hirschman Index,HHI,或称赫氏指数)是一个更精确的竞争程度衡量指标。这个公式考虑每家企业的市占率,先算出每家企业的营收占市场总营收的百分比,然后把每家企业市占率的平方加总起来。例如,独占企业的市场占有率为100%,它的HHI就是100的平方,也就是10,000。如果市场有1000家小企业,每家的市占率为0.1%,那么它的HHI就是10。因此,指数低表示市场竞争程度高,反之亦然。

20年前,如果市场的HHI在提议合并案之后低于1000,FTC通常会赞成该项合并案。如果HHI介于1000~1800之间,FTC会详细审查这个案子,视个案决定。当HHI高于1800时,FTC倾向于挑战该项合并案,或者完全封杀。然而,过去20年来,FTC与美国司法部已经不采用机械式衡量的市场占有率,部分原因是很难界定个别市场的范围。

定义"市场"规模的问题,在1956年有一个经典的法律案例。杜邦公司当时被指控垄断玻璃纸的生产。杜邦也很快承认,它生产了市场上70%左右的玻璃纸。然而,该公司认为,定义市场的正确方式要看所有的"弹性包装材料",里面包含蜡纸等其他产品。以这种方式定义市场,它拥有的市占率还不到20%。最后,美国最高法院同意杜邦的论点,因此裁决虽然它制造了大部分的玻璃纸,但它在弹性包装纸相关市场并不算垄断。

类似问题也曾发生在20世纪90年代。微软占有计算机操作系统80%以上的市场,但"操作系统"是这个市场的正确类别吗?应该包括整个软件市场吗?举例来说,如果包括计算机游戏,微软在整个软件市场的占有率会小得多。微软辩驳它只是软件大池塘里的一条小鱼,政府则认为微软是操作系统小池塘里的一条大鱼。在这个案例中,法院同意起诉,把"操作系统"定义为较狭义的市场。政府对微软的诉讼案最后庭外和解,微软同意让外部竞争者把它们的软件和微软的操作系统整合，使竞争者得以更有效地与微软的其他软件产品竞争。

当你判断全球市场的竞争状况时，想象一下你会遇到的复杂情况。在写本书时，美国的三大汽车制造商（通用、福特、克莱斯勒），各自有着不同的财务状况。它看起来像是一个高度集中的市场，但这三家公司在美国市场必须和来自世界各地的汽车制造商竞争。如果说这三家美国公司形成寡头垄断，主宰了美国汽车市场，这个说法就未免有些荒谬可笑。

以全球观点来看，就可以明确解释为什么在1998年年底埃克森公司与美孚石油获准合并。当时埃克森有80,000名员工，年营收大约是1370亿美元，美孚有42,000名员工，年营收660亿美元。事实上，埃克森是美国的第四大公司，而美孚是第十三大。FTC与司法部为什么允许这项超大型公司合并案走下去？原因是这两家公司是在全球能源市场上竞争，把合并后的埃克森美孚和其他国家例如沙特阿拉伯、尼日利亚和委内瑞拉的国营石油公司相比，它还达不到掌控这个市场的程度。

反托拉斯大战

在判断市场竞争程度时，除了观察市占率，另一个方法是观察市场价格的模式。经典案例发生在1997年，当时史泰博（Staples）和欧迪办公（Office Depot）宣布要合并。它们的市场范围大致包含大型商场、杂货店与药店，基本上就是你可以买到铅笔的任何地方。这两家公司解释它们在办公用品市场的合并占有率只有6%，不能算独占。FTC与司法部没有争论该市场的适当规模，而是采取另一个方法。根据两家公司各店的销售资料，它们发现史泰博的价格在没有欧迪的城镇会高于两家公司都存在的城镇，这个证据显示两家公司是竞争者，而提议的这个合并案会导致消费者的购买价格变高，因此予以驳回。

美国政府不仅有权力阻止或限制企业合并，还可以分拆垄断者的大公司，20世纪早期的标准石油（Standard Oil）即是有名的瓦解案例[1]。20世纪80年代，AT&T被拆解成所谓"小贝尔"的七家地区电话公司、贝尔实验室以及一家长途电话公司；美国政府曾多次试图拆解IBM，但没有成功，直到它自愿出售某些业务；近来则有人建议拆解微软。但最近几年，法院认为把一家运作良好的公司分拆，其经济成本可能会超过效益，所以对分拆公司变得相当犹豫。

企业也可能密谋用各种方式消弭市场竞争。价格垄断（price fixing）的卡特尔（cartel）组织，是由同一市场的一群企业组成的，彼此协议共同设定产出水平和价格，这种做法明显违反美国与欧洲的法律。在20世纪90年代晚期与21世

---

[1] 标准石油瓦解案：美国石油大王约翰·洛克菲勒（John D. Rockefeller）在1882年联合40家相关企业，集体由标准石油托拉斯（Standard Oil Trust）统筹管理业务，以哄抬或控制价格。美国政府为解决这个不正当垄断现象，于1890年通过了《谢尔曼法案》（*Sherman Act*），并起诉标准石油，标准石油因此于1911年宣告瓦解。此后，反垄断即被称为反托拉斯。

纪初期，维生素制造商的国际卡特尔组织，包括瑞士罗氏（Hoffman-La Roche）、德国巴斯夫（BASF）与法国罗纳-普朗克（Rhône-Poulenc），因密谋哄抬全球维生素价格而遭到调查。结果这些企业被罚款数亿美元，一位高层主管被判监禁四个月。

21世纪早期，美国政府积极调查大约30个可能成为卡特尔的不同组织。你可能没听过赖氨酸（lysine），它是由全球约五家大企业生产的一种食品添加剂，对反托拉斯经济学家而言，这是一个恶名昭彰的案例。这五家企业的高层领导人在旅馆房间密会，协议赖氨酸的销售数量及价格。在司法部取得的监听录音中，ADM公司总裁称该公司的口号是："竞争者是我们的朋友，顾客是我们的敌人。"这句话可以说正是各地卡特尔组织的座右铭。

如同跨国犯罪一样，很难说谁有权起诉卡特尔组织。例如，石油输出国组织（OPEC）成员开会议定石油价格，要依据谁的法律来判定它们的行为违法？又有谁可以起诉它们？

除了形成卡特尔组织外，潜在竞争者也可能形成种种限制性的商业惯例。

- 在一份价格维持（price maintenance）合约里，制造商把东西卖给一群经销商，坚持某个最低转售价格，以防止经销商彼此竞争过头。根据法律，制造商可合法"建议"

最低价格,且停止销售产品给经常暗中破坏建议价格的经销商,但制造商不能"要求"最低价格,这两种情况有微妙的差异。

- 当制造商要求经销商只能卖自己的产品,而不能卖竞争者的产品时,称作独家交易(exclusive dealing)。如果其目的是鼓励竞争,例如福特汽车经销商与通用汽车经销商竞争,那么这种交易是合法的。但如果制造商太强势,这类独家交易可能会遏制其他制造商的竞争,而且可能会被判违法。

- 搭售(tie-in sale)或捆绑销售(bundling),是指顾客只有在买了某个产品时,才能买另一个产品。这可能是合法的,例如球队的季赛联票或是绑售的软件包,但如果类似产品不能单独购买,那就可能违法了。

- 掠夺性定价(predatory pricing),是指既有厂商大幅削减价格,幅度够低且时间够长,把新的竞争者赶出市场后,再提高价格以达到独占水平。在实务上,通常很难定义掠夺性定价与传统的激烈价格竞争之间的界限。

独家交易、掠夺性定价等名词的定义,也许看起来模糊且不确定,但的确就是如此。关于违反竞争行为的规定,总有一些灰色地带。政府干预可鼓励更多竞争,但政府干预的范围不断引发争论。怀疑论者通常不赞同政府的反托拉斯行为,他们认为卡特尔组织会瓦解，而独占厂商很快就会面临竞争压力。他们认为，政府管理者可能会受到政治压力的影响，而没有采取对消费者最有利的行为。

然而，大多数人赞成强力执行反托拉斯法，并且相信政府会监督妨碍竞争的大企业。但是，在某些情况下，人们对市场竞争的支持度则不明确，例如美国对国家邮政服务公司作为独占企业的态度。全球其他高收入国家已纷纷消除邮政独占，允许竞争。如果你赞成消灭垄断，却又怕给国家邮政服务公司带来竞争，那么你可能需要再深思。

11 最佳的管制法或许就是解除管制

管制与解除管制：若能尊重激励因素与市场力量，管制手段也可以运作得很好。

在某些产业中，市场竞争不可能正常运作，反而会导致所有厂商蒙受巨大损失而无以为继。19世纪后期，美国铁路产业蓬勃发展，建设铁路的最大支出是铺设铁轨的成本，一旦铺好，沿着铁路运送商品的成本是很低的。如果一家公司在某地区拥有当地唯一一条铁路，就可以索取高额运费，并拿高额利润支付高股利，以吸引更多投资人出资铺设更多铁路，依此循环下去。到了1882年，彼此竞争的铁路公司已经铺设大约9万英里的铁路，但竞争使得运价下跌，公司再也无力支付兴建铁路的成本。到了1900年，由私人企业铺设的铁路，有一半已经改由破产法院[1]营运。因此，在20世纪，美国政府管制铁路业，之后也基于相同理由管制航空业。

市场竞争在公用事业中不易运作，为什么？试着想象一个城市有四家自来水公司，城里每栋建筑物地底下有四组水管，

---

[1] 专门审理破产案件的法院。

因为每家公司各有一组。这是行不通的!再想象一下,有四倍的电线铺设在街上,或是有四倍的电车轨道交织在城里。很多水力、电力公司依法是民营的,但由政府密切管制着。

为何管制?怎么管?

这些被管制的产业都有一个共同特征:必须依赖某种网络建设。兴建整体网络的成本是较高的,而经营的成本通常是较低的。如果放任这些大企业不管,结果往往会变成垄断。但另一方面,让两家或三家同类公司竞争,一旦它们的基础设施到位,就可能彼此竞争而走向灭亡或是合并,结果仍然导致独占。这种情况即是"自然垄断",因为产出的模式是兴建网络的固定成本高,日后提供服务的成本低,所以很容易形成垄断。

管制这类产业,没有一套完美的方法,但某些方法会比较好。历史上,公用事业定价最常见的方法是成本加成管制法(cost-plus regulation):精算过公司的生产成本后,允许一个较低的获利水平(通常以一般企业在竞争市场可赚到的报酬为依据),且锁定价格以便能获取该水平的利润。这也是20世纪大部分时候,美国设定航空业和铁路业价格的方法。成本加成管制法听起来合理,但所提供的激励并不吸引人。在成本加成管制法下的厂商,不需想办法削减成本或变得更有效率,而且没什么动力去创新。更确切地说,在成本加成管制法下的厂商,甚至有动力去拉高生产成本、兴建庞大的新厂或雇用更多员工,因为其价格设定是以足以支付成本为前提的。

成本加成管制法的替代方案,是价格上限管制法(price-cap regulation)。在这个制度下,管制者(也就是政府)设定一个价格,让被管制的厂商在未来几年可以依此收费。例如,管制者设定电力公司在未来三年可以对消费者收取某费率,因为电力公司在未来几年不需降价,如果能自行降低成本,其利润就能提高。当价格上限到期时,管制者会根据新的成本重新设定费率,以适用于新一轮期限。如此,厂商与消费者均可受益。

但是,当管制者开始以为他们的使命是保护产业利润及其员工,而非保护市场竞争与消费者时,任何的管制法都会面临经济学家所说的"管制俘虏"(regulatory capture)的危险。管制者似乎经常会发展出一种斯德哥尔摩症候群[1](Stockholm Syndrome)——同情受管制的厂商,以致其判断力受到蒙蔽,无法保护消费者。

因此,在某些情况下,最佳的管制法就是解除管制(deregulation)。20世纪70年代后期与80年代初期,美国的某些产业经历了一波解除管制,包括航空、银行、货运、石油、

---

[1] 斯德哥尔摩症候群:又称"人质情结",指犯罪的被害者对犯罪者产生情感,甚至反过来帮助犯罪者的一种情结,源自1973年在瑞典斯德哥尔摩发生的一起银行抢劫事件。

长途巴士、电话设备、长途电话服务，以及铁路。当这些产业解除管制后，它们不再是美好、整齐、有条理、每年都有可预见高水平获利的市场。虽然如此，美国20世纪70年代解除管制的大型试验，让消费者的选择如雨后春笋般多了起来，到了90年代末期，每年因降价让消费者省下的钱高达500亿美元。航空业重整为枢纽网络系统，在城市间开出更多航班；货运也建立了类似的枢纽网络运输系统，改善了运送效能；银行业解除管制后，引进了自动柜员机与弹性的金融服务；电信业则带来了新技术的跃升。

你也许会说，这些改变，有的迟早会发生。毕竟科学在不断发展，就算没有市场竞争，智能手机与自动柜员机这类新产品在技术上不是必然会出现吗？可别急忙下定论。例如，自从电话发明之后，直到电信业解除管制的几十年间，虽然技术上有巨大发展，但改变相当小。而今天的婴儿在未来变成青少年时，甚至可能都不会认得什么是有线电话。这些改变在一个管制市场都必然会发生吗？我想这不是可预料的结果，至少不会这么快就发生。

当然，解除管制也是一种权衡取舍。当产业开放竞争时，原本受到人为保护的劳动力市场也会面临竞争压力，某些人的薪资会下降，因为货运与电信产业在解除管制后，企业开始急速扩张，就业机会就增加了。有些员工在解除管制后被遣散或减薪，因为他们从前的工资是基于政府限制竞争的管制，才让消费者付出较高的价格。

即使是在需要某种程度管制的情况下,被管制的产业也可以切割成几部分,留给市场竞争力量来运作,美国以前的电信独占商 AT&T 的瓦解正是一例。AT&T 的长途电话、设备与研究部门,在竞争者加入后,的确变得更重视创新;而各地区的电话公司,对竞争则表现得有点迟钝,直到随着新型手机与网络技术的普及,竞争态势才升级。还有一些产业,若加入某种程度的竞争,可能会对其有帮助,例如垃圾清运业,各家厂商可以竞标附近地区的合约;或是支持县市政府的服务业,比如清洁服务、维修服务、自助餐馆与物业管理。

电力业一直被视为自然垄断,且被当作公用事业来管制,这得归因于需铺设电线网络。但是,对电网的争论重点不在于如何生产电力。电网可能是由政府拥有且受管制,但厂商可以在供应能源方面竞争,包括太阳能和风力等替代能源。英国从1989年开始对能源市场进行试验,而美国在20世纪90年代试图解除电力管制,有些成功了(如宾夕法尼亚州),有些则彻底失败了(如加利福尼亚州)。

宽带网络产业具有自然垄断的特性,厂商也需要建立一个高固定成本的网络(铺设缆线到每一户),才能提供服务。因此,有人主张该产业应该借由独占管制来提供服务。但是过去10年,通过各种可行的传输方法(有线电视缆线、光纤,甚至是无线),宽带网络产业也具备了市场竞争的潜力。随着技术的快速演变，鼓励多样化技术会比政府选定一项技术然后加以管制来得更好。

　　市场竞争的力量可以鼓励创新与提高效率，并惠及消费者。但是，在某些泾渭分明的情况下，当市场竞争无法良好运作时，政府可以扮演有用的角色，作为经济竞争的仲裁者。政府也是安全标准、财务报告正确性与信息揭露的合理仲裁者。当市场力量的结果似乎不受欢迎时，真正的挑战是发掘根本问题，并据此设计对策。判断该问题是有关垄断、卡特尔、限制性的商业成规、自然垄断、再也不需要管制的产业，还是需要某种服务的低收入民众。与其采取极端赞成或反对管制的封闭态度，更明智的做法应是见招拆招。如果政府单单施以管制手段，市场通常会运作得很差；当管制手段也能尊重激励因素与市场力量时，它反而可能运作得很好。

12 主张绝对的零污染是不可行的

> **负外部性与环境**：解决环境污染的方法，已经从命令与控制转变为市场导向的激励设计。

环保人士有时会把自由市场视为环境的敌人，其实自由市场并不是环境的最大敌人。相较于高收入、市场导向的国家，低收入、市场机制差的国家通常环境问题更严重。例如中国与苏联，便遭遇了严重的污染问题。同时，最近几十年，即使是在经济增长的情况下，美国的空气和水的平均质量也有所改善。或许政府除了促成自由市场之外，也很适合提供法规背景，以确保干净的空气和水。本章我们来研究污染经济学，观察它是如何运作的。

在这里，核心的经济学概念是"外部性"（externality），指在直接的买家与卖家之外，有第三方直接受到这笔交易的影响。自由市场的概念，在某种程度上是基于买家与卖家会根据自身的最佳利益而行动。但是当市场交易对第三方（没有选择涉入该交易）不利时，主张自由市场会使所有人都受益的论点就不成立。

外部性可以是正面的或负面的。例如，你的邻居正在举办宴会，找来一个很吵的乐团，邻居快乐地享受音乐，乐团也开心地表演。至于你，身为局外人，可能会有两种反应：如果你喜欢这种音乐，那很棒，你可以享受一场免费的音乐会；如果你不喜欢，那就不妙了，你只好忍受（或是报警）。无论是哪种情况，你的邻居和乐团之间的交易，都没有考虑到你。

污染是负外部性（negative externality）最重要的例子。在不受约束的市场交易中，厂商只注意生产商品的私人成本，至于社会成本，是不用支付的生产成本，因此厂商不会将其纳入考虑范围。如果倒垃圾不必花一毛钱，厂商可能会制造很多垃圾；但如果必须付钱处理垃圾，那厂商自然会想办法减少垃圾。同样，与污染有关的公共政策会让那些制造污染的人正视问题，把污染成本纳入考虑范围。

用激励取代控制

"命令与控制"（command and control）是经济学家专指这类管制政策的用词，它规定了可合法排放污染的最大量。20世纪70年代，美国早期的环保规章即是采用这个方法，当时通过了《清洁空气法案》与《清洁水法案》，而且的确有效。根据美国环保局的统计资料，1970—2001年间，空气微粒含量减少了76%，二氧化硫减少了44%，挥发性有机化合物减少了38%，而一氧化碳减少了19%。空气里的铅含量（对发育中的小孩特别有害）下降了98%，主要是因为使用了无铅汽油。至于水的问题，检测水质是比较难的，过去40年已普遍建立了更好的污水处理厂，采取了更好的废水处理措施，所以水质已经有大幅改善。

虽然有这些好消息，但命令与控制的环保规章仍有一些显著缺点。其中之一就是，管制者可能会开始考虑产业利益，这是任何管制制度都可能出现的问题，例如先前讨论的管制俘虏的情境。此外，命令与控制的管制标准通常是无弹性的，甚至明确规定必须使用什么技术来减少何种污染，也不会奖励一开始就避免污染或把污染减少至法定标准以下的创新做法。

命令与控制管制法的替代方案，遵循了市场导向的环保政策大方向。这些政策试图以市场激励来运作，而非命令厂商采取某种行动。这些政策有几种方式，其一是对生产者每单位的污染课征污染税或污染费。这种费用对减少污染创造了明显的激励作用；而且不像命令与控制系统，它能鼓励厂商持续寻找减少污染的方法，而非把污染量减少到低于法定范围一点点就好。这个方法还有很高的弹性，允许生产者自行决定进行污染减排的最佳方法。

另一个市场导向的环保政策，是"可交易的许可"（marketable permit）制度。可交易的许可给污染者排放某个污染额度的法律权利，且通常获许可的污染量会随着时间递减。如果污染者排放的污染量未超过许可额度，那么剩下的额度就可以卖给别人，也就是"可交易"这个词的意思。如果新的生产者想进入市场，它必须从某家现有厂商那里购买污染额度。关于可交易的许可，美国已有一些成功案例，例如减少汽油中的铅含量。许可额度就像污染税一样，提供动力让厂商减少污染并创造更环保的技术，只是它的激励方式不是减税，而是让厂商通过污染减排行动而有机会卖出额度赚到钱。最近几年，欧盟就试图利用可交易的许可制度来减少大气中的碳排放量。

市场导向环保政策的另一个选择方案，就是以财产权（property right）做激励。想想非洲大象或犀牛的保护问题，如果这些动物不属于任何人所有，那么它们对盗猎者和逐渐萎缩的栖息地都将毫无招架之力。如果你宣布它们的栖息地为保护区，让住在保护区附近的每个人都有来自观光旅游的经济激励去保护这个公园，那么动物周遭的人们就有充分的经济理由来保护它们。

过去的20～30年，环保政策已经从单纯的命令与控制转变成市场导向机制。一般而言，经济学家偏好这些机制。

当今最大的环境议题之一，是二氧化碳与其他气体排放造成的全球变暖的威胁。从经济与政治立场来看，它是一个有争议的话题。作为一个没有任何气候科学专业知识的经济学家，以下是我的看法。

一些知名的气候科学家相信，我们目前的碳排放水平提高了全球环境被严重破坏的风险。这个风险的概率与规模很难衡量,但是,当我们面临巨大风险时,通常值得采取一些保险措施。在这种情况下,"保险"的一种形式是找到方法来限制大气中碳的含量。举例来说,我们可以用命令与控制来规范所有汽车的碳排放最大值,以及每公升燃料行车里程数最小值。我们可以设定工厂与其他污染源的碳排放规则。此外,我们可以制定碳排放税。我们可以对工厂、精炼厂、汽车制造商等单位发行可交易的许可证。我们可以投资研发技术以消除空气中的碳,或鼓励发展不会排碳的替代能源。

然而,想出减少碳排放的方法不难,真正的困难是:用市场导向、弹性的方法来执行,用最低的经济成本来限制碳排放。

对很多环保人士而言,这些处理污染的方法都没有抓住重点,因为它们都不能达到零污染。从我务实的经济学家角度来看,必须声明零污染不是一个实际或有用的政策目标,零污染意味着关闭大部分产业和停止大多数经济活动。我们所有的政策选择,无论是命令与控制还是市场导向的环保政策,都需要允许存在一些污染。主张绝对的零污染是不可行的,也不够理性。合理的政策目标是平衡生产效益与污染成本,换言之,让生产的社会成本与社会效益彼此平衡。

13 自由市场并不保证会给发明者奖励

> **正外部性与技术**：即使有法律保护，创新成功的公司也只能拿到它所创造价值的 30%～40%。

托马斯·爱迪生（Thomas Edison）的第一项发明是投票计数器，性能非常好，但没人买，于是他发誓：只发明人们真正会买的东西。另一位近代科学家戈登·古尔德（Gordon Gould），他在 1957 年就产生了有关激光的构想，却延误了申请专利的时间。虽然他有工作笔记足以证明自己是在什么时候产生这个构想的，但他误以为申请专利前，需要一个可运作的原型产品。等到他申请专利时，其他科学家已经将他的构想付诸实行。他花了 20 年和 10 万美元的诉讼费，才从这项发明中赚到一些钱。

这个例子说明了为什么自由市场只能产生极少数的科学研究与创新——自由市场并不保证会给发明者奖励。想象一家公司正打算投入巨资研发一项新发明。如果计划失败，这家公司的净利就会比竞争者低，甚至可能因亏损而被迫退出市场。该计划也有可能成功，但是，在完全没有规范的自由市场中，竞争者正好可以偷走这个创意。企业推动创新会产生研发费用，但无法保证增加收入。因此，它的净利仍然会比竞争者低，而且仍然可能被迫退出市场。

从概念上来说，新技术与环境污染正好相反。在前一章污染的例子中，交易双方之外的第三者得忍受环境成本。就新技术而言，生产者与消费者交易之外的人，不需补偿发明者就可从中受益。因此，创新是正外部性（positive externality）的一个例子。

推动创新的关键因素，是创新者从研发投资中得到大部分经济利益的能力，经济学家称之为"专属性"（appropriability）。如果发明者和厂商没有从努力中获得充分的回报，他们就不会做出太多创新。对污染等负外部性的适当措施，是找到一个使生产者正视社会成本的方法；相反，对创新等正外部性的适当措施，则是帮忙补偿生产者的创新成本。授予并保护知识产权是达成目标的一种机制。这样的机制能帮助企业在一段时期内免于市场竞争，让企业得以暂时赚取比正常水平高的利润，以回报它们在创新方面的投资。

倒霉的发明家

在美国，知识产权的概念可回溯至宪法第一条第八款，提到"国会有权促进科学与实用技艺的进步，对作家和发明家的著作与发现，在一定期限给予专利权的保障"。美国国会运用这个权力创立了美国专利商标局（U.S. Patent and Trademark Office, USPTO）和美国版权局（U.S. Copyright Office），协助发明者保护这些权利。随着时间的推移，保护知识产权发展出四种形式：

• 专利（patent）是由政府授权，于特定、有限期间内（在美国通常是 20 年），独家制造、销售或使用一项发明的法律权利。

• 商标（trademark）是表明商品来源并帮助卖家建立商誉的字词、名称或符号。常见的商标例子有 Chiquita（金吉达）香蕉品牌名称，或 Nike（耐克）的打钩符号。目前，有超过 80 万个商标在美国政府注册。只要商标仍然在使用，厂商就可以无限期地更新商标。若产品停止使用，该商标就会失效。

• 著作权（copyright）是以法律保护原创作品（包括文学、音乐、艺术），未获作者同意，别人不能复制或使用。目前的著作权保护期限是作者终生有效，再加上 70 年。大体而言，专利法保护发明，著作权则保护图书、歌曲与艺术。在某些领域，例如软件，法律对到底要不要把它当作发明或作品来保护仍没有定论。

• 商业机密（trade secret）是指配方、过程、装置或信息项目给予企业凌驾于竞争者的优势，它们不是常人所知或易于被发现的，企业会用合理的努力来保守机密。最有名的商业机密也许是可口可乐的配方，它不是用著作权法或专利法来保护，而是由公司自己来守护。窃取商业机密有很多种方式，1969年有一个著名案例，两位摄影师驾驶飞机在杜邦化学厂上方盘旋，拍摄新的甲醇生产过程，结果被判窃取商业机密罪。法院裁决，杜邦以书面方式或使用围墙与警卫等实际手段，已经用合理的距离来守护生产过程的秘密，因此从飞机上拍照属于不适当取得商业机密的手段。

即使有专利、商标、著作权和商业机密等法律保护，创新成功的公司也只能拿到它所创造价值的30%~40%，其他价值则会落入消费者或其他厂商口袋。发明者无法从发明中获利的最著名的例子，也许是伊莱·惠特尼[1]（Eli Whitney）与他的轧棉机。惠特尼的发明取得了美国最早的专利之一，但因为轧棉机对南方经济如此重要，社会（或者说是南方各州法院）就是不肯保护他的专利权。惠特尼挖苦地评论道："一项发明可以如此有价值，以至于对发明者毫无价值。"

美国政府一向运用一系列政策来补贴创新发明，它以奖金

---

[1] 伊莱·惠特尼（1765—1825）：美国发明家、机械工程师及机械制造商。除了发明轧棉机，他还提出了可互换零件的概念，对工业发展贡献很大。

直接资助大学、私人研究机构和企业的科学研究。根据美国国家科学基金会的调查，2008年美国约有3970亿美元的研发费用，其中65%由产业支出，25%由联邦政府支出，其余是非营利与教育部门（包括州立大学）。美国大部分的研发费用是由私人企业支出，因为20世纪六七十年代太空和国防研究的兴起使得政府支出金额的比重缩减。企业投入研发的优势之一，是它较能聚焦于短期内会有实质效益的应用技术。相反，政府资助的研发较偏重影响层面，尤其是可能跨多个产业，而且可能在最近几十年不会看到回报，例如对物理学或生物学的观念有所突破的研究。政府资助的研究经常会直接开放给公共领域，任何想要的人都可利用其研究成果。企业资助的研究通常受限于专利与商业机密法，因此在很多案例中，政府资助的研究通过市场经济能更快地散播与应用。

另一个鼓励研发的方法，是提供企业研发支出的税负减免，它的优点是很有弹性。政府对研发的直接支出是指政府表态赞成或反对某些领域的研究，也许偏向于某种环保能源或医疗技术。研发的税负减免措施，使民间厂商得以自行发展研究领域。自1981年起，美国开始研发税负减免，但因多属短期，对提供产业从事长期的研发规划而言，其激励仍显不足。

专利：保护创新，也阻碍创新

发明者是否有可能因为税负减免、政府支付与知识产权保护法而获得太多保护与太大利益？对此有一些争论。补贴创新的最终目的其实是使消费者受益，而非使厂商更容易长期赚到庞大利润。至少有一些发明者有可能受到太多保护吗？我们来看一些数据。

美国专利商标局每年核准 20 万项专利，很多都只花相当短的时间研究。企业拿到一项专利平均需要三年，但专利审查者在每个案件上只花大约 18 个小时来决定是否核准专利。虽然审查时间短，但是在 21 世纪最初 10 年中期，仍积压了 75 万份专利申请书待审。有些申请书在中途必须修正才能核准，大约有 85% 的案件最后会取得专利。同一时期，全部专利只有 0.1% 曾经发生实际诉讼。绝大多数的专利最后毫无经济价值，但其中很少数的专利会产生非常大的经济价值。此外，有些专利看起来很愚蠢，有家公司取得的一项专利，是用切下的面包皮来覆盖有花生奶油与果酱的三明治，它花了很长时间控告其他三明治生产者，最终没能成功。

专利是用来预防竞争的，但对其他想进入市场的竞争者而言，这些专利可能会变成巨大的（有时是永远的）障碍，并且阻碍额外的创新。例如 20 世纪 70 年代初期，施乐公司在复印机的各种组件上取得了超过 1700 项专利。每当施乐改进复印机，就会为那个微小的改进申请专利。公司持续改进机器，且持续获得新专利，因此没有任何厂商可以进入复印机市场，因为没有人可以通过所谓的"专利丛林"（patent thicket）。70年代初期，美国反托拉斯当局说施乐滥用专利流程来创造独占地位。施乐不承认犯罪，但同意放弃专利侵权诉讼，允许其他人使用其专利。果然，市场竞争的水闸被打开，施乐在复印机市场的占有率从原本的95%掉到了1980年的50%以下。

专利丛林在某些产业中仍然是个问题，尤其是在制药与复杂电子等高科技产业，它们的产品可能要依赖很多不同的专利。还要考虑的是，新的创新经常建立在旧的创新上。如果你给目前的发明者很多权利以保护其创新，那么你也可能阻碍了建立在那些发明上的创意发展。如果是由一群人合作取得专利，问题尤其严重，任何一位目前专利的拥有者都可以阻碍新的发明。

从帮助创新的立场来看，著作权保护期限也可能毫无理由地被延长。1998年通过的《松尼波诺著作权保护期限延长法案》（Sonny Bono Copyright Term Extension Act）延长了美国的著作权保护期限，从创作人死后50年延长到70年。我们很难预测这额外的20年对个人创作者会有多大影响，但它的确对最悠久的创作将要进入公共领域的媒体帝国影响巨大，例如迪士尼将要失去对米老鼠的独家使用权利。

经济创新的最终目的不是要讨好创新者，而是要鼓励稳定持续的创新，以提高社会的生活水平。创新使美国从19世纪的技术落后者，转变为世界经济强权，并且持续处于领先者的地位。创新对美国未来的经济成功至关重要。

14 缴税是用强迫的方式克服搭便车问题

> **公共物品**：顺着每个人自利的本性，将无法创造公共物品，所以政府必须征税来建设。

你开车上班要经过高速公路吗？如果你家失火了，当你拨 911 电话时，你期待有人接电话吗？你可能不认为道路与消防局是商品，但经济学家的确这么想。我们每天都会用到一些公共物品，但很难设想要从市场竞争机制下的私人企业那里购买，典型的例子有国防、基础研发、道路、警察和消防局。这些项目都归类在经济学家所说的"公共物品"（public goods）中。

公共物品有两个重要特性：它们是非竞争性（nonrivalrous）与非排他性（nonexcludable）。非竞争性是指商品本身不会因为更多人使用而变少。若是私人商品，例如一块比萨，如果马克斯吃了它，米歇尔就没得吃了。拿国防做比较，马克斯受到的国防保护，并不会降低米歇尔受保护的程度。非排他性是指卖家无法排除那些没付钱也能使用商品的人。那块比萨是排他的,如果你不买,就不能吃。但如果某人不希望被国防保护,我们没有实际可行的方法来排除他。

重要的是记住"公共物品"这个专有名词对经济学家来说有很特定的意义,它不是指由政府提供的有益的(good)每样东西。另一点也很重要,要认清把某个东西归类为非公共物品,不表示它就没有公共政策面的经济性争议。我们称为公共物品的很多东西,也并非完全是非竞争性或非排他性的,但它们已经接近这两个特性,使得私人市场很难提供。例如:

- 公共保健方案(例如疫苗接种)是非竞争性的,因为人口增加并不会降低预防传染病的效益,而且它有非排他性,因为效益会延伸至全部人口。
- 良好的道路系统为社会提供各种效益。除了收费道路外,我们很难排除使用它的人。此外,除非交通堵塞,否则我使用高速公路时并不会影响别人使用。
- 科学研究(事实上,通常是创意)是非竞争性的。如同托马斯·杰斐逊(Thomas Jefferson)所言:"我将思想传授他人,他人之所得,亦无损于我之所有;犹如一人引我的烛火点烛,光亮与他同在,我却不因此身处黑暗。"
- 教育的很多好处不只是针对受教育者,它对我们所有人都有益,让我们生活在一个绝大多数成年人都可以阅读和了解基础数学运算的社会。

当某些人从公共物品中受益,却没有付出相对合理的成本时,经济学家把这个问题称作"搭便车"(free-rider)。若你要人们为道路付费,就像为食品杂货付费一样,想象一下可能会遇到的困难。在工业化国家,人们知道,无论他们同意付费与否,都会铺设道路,而且一旦铺好,政府便无法或不可能阻止他们使用。出于自利的本性,大多数人会希望由住在附近的人出钱铺路,而道路大部分是非排他性且非竞争性的,因此自己就可以"搭便车"。但如果每个人都做出这个自利的决定,结果就是没有人会铺路,也没有人会受益。

搭便车的问题在经济分析上非常重要。大部分时候,经济学主张生产者与消费者顺着自利的本性,就能为社会提供很多效益。但是,就公共物品而言,如果每个人都顺着狭隘的自利本性,结果将更糟。

如果自利的市场运作行不通,那么要如何创造公共物品呢?各种社会机制可以帮助解决这个问题。举例来说,公共广播与公共电视如何生存?它们通常综合运用社会压力(认捐活动、大量邮件)和诱导(捐款感谢礼、会员福利与活动、特别节目)来说服你捐款。它们利用大众对捐款者的认同,并且使没捐款者感到些微愧疚,试图克服搭便车的问题。

政府课税即是要求公民为公共物品付费,无论每位公民是否真的想要该种类与数量的公共物品。这适用于政府直接提供的商品(例如军队或法院系统),或间接由民间承包商提供的商品（例如道路与大楼）。政府提供公共物品，其实是政府收税来支付这些商品，至于是由公务人员还是民间提供，则仍有待商榷。

缴税是用强迫的方式克服搭便车问题：如果你不为公共物品纳税，你就要坐牢，这些利益与成本是隐性社会契约的一部分。如果社会成员不用某种方式合力提供公共物品（经由政治或社会机制），则大家都会蒙受损失。

15 社会福利计划是在援助与激励之间拔河

> **贫穷与福利计划**：社会保障网不应是令人难以起身的吊床，而应能缓冲你掉落下来时的力道，并让你再弹上去。

市场可以轻易地为某些人创造高收入，而让其他人处于贫穷状态。市场经济中，会有一些幸运、占优势、有才干或是非常努力工作的人，最后拥有高收入；也会有一些不幸、居劣势、有缺陷或是明显懒惰的人，最后陷入贫穷。

但是，经济学家所说的"贫穷"是什么意思？如何决定贫穷线或贫穷率？回到20世纪60年代，当时美国政府还没有对贫穷做出官方定义。1963年对贫穷家庭的操作性定义是年收入低于3000美元的家庭，这里没有因小孩数量或是单亲、双亲家庭而做调整，而且事实上，并没有强烈的理由支持这个数字，它只不过是一个好看的整数。当时的统计学家兼经济学家莫莉·奥珊斯基（Mollie Orshansky）在社会保障总署任职，该机构的任务是让社会福利能为穷人提供足够的收入。而她先前在农业部的工作，是统计养活不同规模的家庭要花多少钱。奥珊斯基因此有创意地结合这两个概念，以食物成本来决定生活成本，从而得出贫穷的定义。

找出"贫穷线"的故事

奥珊斯基对贫穷的定义，是先确定给所有家庭成员提供基本饮食要花多少钱（采用此数据的优点在于，它会根据家庭规模自动调整）。首先，奥珊斯基用农业部的"节约食物计划"，也就是必要食物的成本，根据年龄、小孩人数、父母人数等的变化，决定了62个不同类型家庭的食物预算，而且把农业家庭分开计算，因为他们可自己种植部分食物。

随后，奥珊斯基主张食物支出应该约占家庭预算的1/3。这个数字来源于1955年的一项研究，该研究发现1/3是全国家庭的平均值。她把每个类型家庭的食物预算乘以3，得出62个家庭类型的贫穷定义。接着，她指出此系统背后的基本理由，那就是照料家庭涉及取舍的考虑。她说："穷人不只是较没钱而已，他们的钱根本不够用。穷人无法在花钱买一个生活必需品的同时，不从手里拿走另一个。"如果人们要在生活必需品之间做取舍才能养家糊口，那么就已符合贫穷的定义。

奥珊斯基请人口普查局计算有多少美国公民落在她定义的贫穷线之下。人口普查局之前公布过根据家庭规模调查的家庭收入，但没有更细化的数据，比如户主的性别、孩子的年龄等。最后，人口普查局估算出，当年约有 2000 万个美国小孩生活在贫穷线以下的家庭。

奥珊斯基的贫穷定义很快传开，1964 年首见于重要的政府报告，1969 年成为政府的官方定义，直到今天仍然在沿用，只有些微调整。个别针对农业家庭与女人当家的家庭所做的贫穷线在 1981 年废止，并新增了有八个或九个小孩的家庭类型。

正如奥珊斯基所强调的，贫穷线定义的实际收入并不高。例如，2010 年四口之家（父母两人和两个小孩）的贫穷线是 22,162 美元。我们说这个家庭在食物上花了收入的 1/3，也就是每年 7387 美元或是每天约 20 美元。每天三餐、每餐四人，可得出全年每人每餐约花 1.66 美元，这的确不是一个很高的生活水平。

衡量贫穷的任何方式，都容易遭受一连串的质疑。举例来说，奥珊斯基的公式是基于家庭把收入的 1/3 花在食物上的假设，但家庭对食物的平均支出在过去几十年实际上是下降的，目前大约是 1/5，然而，我们一直没有改成用食物预算乘以 5 来计算贫穷线。此外，奥珊斯基使用的节约食物计划，并不能代表每天的生活水平，它只意味着家庭在一段有限时间内勉强糊口。很少有家庭会每天只吃燕麦片、豆荚与甘蓝组成的最基本的食物。

奥珊斯基设立的贫穷线，每年都根据通货膨胀率进行调整，因此会随着时间的推移而上升。但为了反映经济增长和我们生活在更富裕的社会，贫穷线是否也应该跟着上升？贫穷是和其他社会成员相比：我们难道不该在某种程度上和富人相比，借以定义穷人？是否要考虑科技带来的影响？移动电话与家庭上网在 21 世纪属于贫穷线生活水平的一部分吗？是否要考虑地理环境的不平等？高收入、高生活成本的地区（在美国，如加利福尼亚州或纽约州），贫穷线难道不该高一点？而在低收入、低生活成本地区（在美国，如阿肯色州或南达科他州），难道不该稍低一点？

另一个问题是如何定义"收入"。我们应该把医疗补助保险与食物券视为一种收入吗？是否要考虑税收减免，例如薪资收入租税抵减（Earned Income Credit）给"穷忙族"（又忙又穷的家庭）提供的额外收入？如果"穷忙族"没有雇主提供的健康保险，这个家庭的收入是否比有这项福利的家庭低？即使在书面上，他们的实得薪资是相同的。

你越深入思考，就会浮现越多问题。已经有很多人提出衡量贫穷的替代方案。例如，在 20 世纪 90 年代中期，美国国家科学院建议，借由观察一般家庭在吃、穿、住方面的花费，把贫穷线设定为这笔费用的百分比。美国人口普查局根据多种定义，发布了多种贫穷率的统计资料。但政府项目计划是以官方定义的贫穷线决定符合资格者（例如医疗补助保险），这条线基本上仍然和奥珊斯基的原始方法相同，随着时间根据通胀率调整。

美国政府是以收入低于贫穷线的人口比重来计算贫穷率。1960年,美国人口低于贫穷线的比重大约是22.2%。在20世纪60年代的经济快速成长期,这个比重显著降低,1969年是12.1%,1973年是11.1%。但是,70年代出现了经济大衰退与高通胀,1982年,贫穷率上升到15%左右,然后就停留在这附近,小幅波动直至1993年。在90年代后期的经济高速成长期间,贫穷率再次下降,到了2004年是12.4%。当经济衰退再次冲击时,贫穷率提升到2008年的13.2%和2009年的14.3%。简而言之,从20世纪70年代起,在减少贫穷族群方面,没有明显进展。

有改变的是穷人的人口状况。回到20世纪六七十年代,如果必须用一个词来形容穷人,那么"老年人"会是一个合理的选项。由于社保退休金、医疗照顾和类似计划,这个词不再适用于今日。老年族群的贫穷率现在已不会高于其他年龄层,特别贫穷族群最有可能是女人当家的单亲家庭。

社会救助的两难局面

帮助穷人的最佳方式是什么?俗话说:"授人以鱼,不如授人以渔。"当你思考贫穷问题时,上述这句话包含了重大的真相与巨大的困境。很明显,让人自给自足比让他产生依赖心更好,但是,在立即给人们帮助与帮他们学习自助之间有一种矛盾:当你教人钓鱼时,他想要吃的是什么?在学习过程中,你需要给他鱼吃，是等他学成之后，才停止给鱼吗？是否会有这个人拿走了鱼，却不学技术的潜在风险？

尝试帮助这些低收入者的每个方法，都会遇到这个敏感问题。如果一个富裕的社会不帮助穷人，似乎是残忍、不道德的，但如果社会帮助穷人，就会在某种程度上减少了穷人自力更生的动力。社会保障网不应该成为吊床，不应该成为很难进入或很难出来的东西，它应该更像高空秋千表演者下方的安全网，缓冲你掉落下来的力道，帮助你再弹上去。

为了解这些权衡取舍，并使问题最小化，我们先提一个基本方案来帮助穷人：假设美国政府保证所有公民至少可获得贫穷线的收入，即保证四口之家的双亲收入不低于22,162美元。如果赚不到这个收入，政府就会补足。这个提案除了似乎不够慷慨之外，哪里可能出错？

这牵涉到激励问题。如果家里没人工作，全家的总收入就是22,162美元，全部来自政府。如果丈夫找到了全职工作，每年工作2000个小时，但每个小时只能赚8美元，年收入就是16,000美元。他努力赚16,000美元的结果，是全家的收入被提升到了22,162美元（你猜对了），正好和他完全不工作是相同的。我们假设妻子找到了一份兼职工作，每年赚到了额外的8000美元，这使得全家的收入变成了24,000美元，高于贫穷线。现在，这对夫妇每年的工作总时数是3000个小时，而他们的总收入只比他们都不工作时多出1800美元。此外，如果他们两人都去上班，可能会有额外的小孩看护费与交通费支出，而且还要缴税。相较于他们都没工作的结果，他们很可能宁愿不外出赚钱。

经济学家把这个问题称作"负所得税"（negative income tax）。政府在一个人赚到额外收入时减少他的福利，就会产生负所得税。把这个概念和熟悉的正所得税对比，正所得税是指你赚钱时，政府拿走其中一部分。这两种税都会降低工作动力。在这个例子中，负所得税设定为100%，也就是每当这个家庭赚到1美元（在达到贫穷线之前），他们就失去政府福利中的1美元。对这个家庭来说，他们没有动机去做一份低薪工作，没有动力跨出就业的第一步，因为他们去工作其实并没赚到钱。若负所得税较高，就会导致贫穷陷阱。

你可能会认为这只是个有趣的假设，傻子才会设立一个让工作者没有回报的福利制度。事实上，美国政府正是这么做的。美国的主要福利计划——失依儿童家庭补助（AFDC），在20世纪60年代至80年代提供100%的负所得税，实际情况甚至比刚才的例子更糟。外出工作的家庭不仅在赚到1美元的时候失去AFDC的1美元，而且还损失了食物券与医疗补助保险等福利。更甚的是，有收入的人还要为工作赚到的钱缴纳正所得税，进一步减少了实得薪资。换句话说，这么多年来，负所得税是高于100%的！

如何解决贫穷陷阱？有几个方法可用。其一是逐步淘汰新近就业家庭的福利。在这个概念下,1996年推出的贫困家庭临时补助(TANF)取代了AFDC。这个新计划虽然会根据各州的情况调整,但每赚1美元时,TANF的福利通常只减少50%,而非以往的100%。50%的负所得税仍然很够呛,但至少让他们有一些动力出去工作。

美国运用的另一项政策是薪资收入租税抵减,当低收入家庭赚钱时,给其额外的收入,以抵消政府撤回的其他福利。对于单身的没有小孩的工作者,这个方案在2010年的运作方式如下:当你赚到的收入没有达到12,590美元时,你会得到额外40%的退税(最高为5036美元)。当收入介于12,590美元与16,450美元之间时,你会得到5036美元的退税,相当于收入在12,590美元时所得到的,不多不少。超过16,450美元时,福利就会减少,你每多赚1美元,退税金额就会比原本少21美分。收入在16,450美元以上,就产生了负所得税。这样,随着收入的提高,福利也在逐步退出了。有趣的是,经由薪资收入租税抵减所支付的金额,在2006年约为410亿美元,远大于当年支付的福利金额。

为了避开对工作的反向激励(negative incentive)问题,美国尝试的另一种方式是要求人们去工作。从20世纪80年代晚期到90年代中期,各州通过一连串的福利改革,要求得到福利的人回去工作(或参加职业培训计划),通常是在申请到福利的两年内。这些改革也削减终生福利,通常是改为五年。

1996年，得到福利的人要去工作的规定，被并入新推出的TANF计划。1994年，大约有1400万人享有原先的AFDC福利计划。在2001年经济衰退之后，获得TANF的人低于600万。

避免贫穷陷阱的另一种方式是提供实物的帮助，意即以某种非现金的服务来支持，医疗补助保险与食物券都属此类。这种方法经常受到政界的欢迎，因为它们似乎意味着穷人不会轻率地使用公共援助。但经济学家指出，实物帮助也有激励的问题。举例来说，医疗补助保险可能会导致"就业锁定"，你会担心换到获得更多薪水但没有健康保险的工作，理由是你可能会因此失去医疗补助保险福利的资格。

贫困家庭临时补助、薪资收入租税抵减、医疗补助保险与食物券，并非美国政府对穷人的全部协助。还有几十个联邦计划，其对象资格是基于收入水平的，从住宅补贴、学校午餐到家庭能源的协助都有。这些计划导致了援助与激励之间的潜在取舍。其中有些计划，我们不太担心取舍，例如，我们不期望老年人或学龄儿童去上班。但我们仍然要意识到，大多数计划都在援助与激励之间拔河，最终的目标应该不只是分配金钱，让人们有高于贫穷线的收入，而是帮助人们发展他们需要的技能，让他们在不断变动与成长的社会里谋生。

16 什么样的收入不均程度算合理?

> 收入不均：根据研究估计，收入不均的扩大，约有两成是由全球化对工资造成的压力导致的。

贫穷与收入不均（inequality）的主题经常纠缠在一起，但它们完全是两回事。正如我们讨论过的，贫穷是指收入低于某个水平。收入不均是指低收入者和高收入者之间的差距。贫穷率下降时，很有可能社会贫富不均的程度便会加剧。例如，经济强劲增长，会帮助穷人变得稍微有点钱，但会让富人变得更有钱。同样，当股市大跌、经济衰退时，很可能穷人会稍微变穷一点，但富人可能会输个精光；在这种情况下，贫穷率提高了，但收入不均程度反而下降了。

基本上，人们出于不同理由而关心贫穷与收入不均问题。贫穷让人们没有能力负担基本的生活必需消费，收入不均更多的是影响人们对公平性的感受。在一个公平的社会，报酬和不平等不应该受到出生、家庭背景甚或运气的摆布，而应该与人们的努力和技能有合理的因果关系。

家户收入 5 等份评估法

为了衡量收入不均,我们需要用一些方式来描述整体收入分配(income distribution)的状况,而不只是收入低的族群。标准方法是把收入分配分成 5 等份、10 等份甚至 100 等份,然后算出每一等份的人的收入占整体收入的比重。为了简化,我们将采用 5 等份评估法(有一些情况会用到前 5% 的族群),如果收入分配的每一等份都恰好是那一年总收入的 20%,那么收入就是平均分配的。

来看看美国社会,最低收入组所得收入的比重远低于总收入的 20%,而最高收入组所得收入的比重远大于 20%。2009 年,美国收入分配的最低收入组占总收入的 3.9%,第二低收入组占 9.4%,中间收入组占 15.3%,第二高收入组占 23.2%,最高收入组(收入高于 10 万美元的家庭)占总收入的 48.2%。如果你进一步观察最高收入组,属于收入分配前 5% 的族群(2009 年,收入高于 18 万美元的家庭),其收入就占了社会总收入的 20.7%。

20 世纪 70 年代以来,高收入者的收入占总收入的比重有增加的趋势。1975 年,最高收入组占到总收入的 40.7%,1985 年占到 43.1%,1995 年占到 46.5%,2000 年占到 47.7%,而在 2009 年更高了一些,占到 48.2%。最高收入组占总收入的比重多了 7 个百分点,这是相当大的变化,而且如果你更仔细地观察最高收入组,会发现增加的 7 个百分点几乎全跑到收入分配前5%的族群中去了。

这样的收入不均,应该成为公共政策议题吗?某种程度的收入不均其实是不可避免的。举例来说,人们通常在20多岁时赚得比50多岁时少,退休后,收入将再次下降。因此,在整个人口中,会有一些随着年龄而来的收入变化。从某一年到下一年,你会看到变化发生,人们可能会有特别好或特别坏的一年,不同的产业(建筑、农艺、投资、电子)也会有好或坏的年头。而且,人们会对自己的获利能力有一些选择,例如选择何种职业生涯、工作多少小时、做几份工作等等。在某种程度上,这些选择都会导致收入不均。完美的平等不是一个可达成的目标,较好的问题可能是:目前收入不均的程度合理吗?

问题在于"流动性"

处理这个问题的一种方式,是观察收入分配的流动性。在任何时候,收入分配都是一个概况,它告诉你在某个时间点,人们位于哪里,而非他们正在向上、向下或是稳定发展。人们随着时间移动的迹象,表明他们不会一直陷入某个收入水平。为了研究人们在收入分配中的移动情况,你需要持续追踪同一批人,大部分政府不会做这种调查,它们聚焦于整个人口,而非个人。然而,密歇根大学的收入动态追踪调查(Panel Study of Income Dynamics, PSID),从1968年起就持续追踪美国人口的代表性样本。

PSID数据显示了人们在收入分配5等份之间的合理移动量，但这种移动大多是在一个或两个等份之间发生。处于收入分配最底层的人会上移一点，但他们很少能持续移动到最上层。同样，处于收入分配最上层的人可能会后退，但他们很少会一直退到最底层。流动性的比率，并未随着时间改变太多。比较过去30多年，美国人并没有比其他国家呈现出更多的隔代流动性（也就是说，子辈容易和父辈保持同样的或相近的经济地位）。因此，虽然收入不均的程度逐渐加剧，且有一些流动性，但更大的流动性不会抵消恶化的收入分配。

是什么因素驱使美国的收入不均在过去30多年加剧？全世界大部分的高收入经济体，在同一时间，收入不均也有一些增加。最大的理由似乎是信息与通信技术的改变，以及它们对劳动力市场的影响。

如同本书讨论过的，劳动力市场不是一个庞大僵化的市场，而是由很多不同市场组成的，例如建筑工人市场、医生市场等等。技术工人的供给量随着时间逐渐增加，今天的学生比起他们的父母、祖父母，更可能完成高中学业，而且至少可以继续上大学。但是，科技的非凡发展也明显增加了对技术工人的需求。举例来说，信息科技明显提升了技术人员的生产力，使用试算表软件编制财务报表的人可以告诉你其中的差异。相反，薪资水平较低的那一端，很多低技术含量的工作都消失了，因为科技进步减少了对低技术劳工的需求。

科技并不是收入不均恶化的唯一原因。进出口贸易（或全球化）的增加，意味着美国的工人必须更直接地和低工资国家的工人竞争，这会压低企业对美国低技术劳工的需求与工资。根据研究估计，收入不均的扩大，约有两成是由全球化对工资造成的压力导致的。

工会的减少已经改变了美国的收入分配，而且导致收入不均扩大。在历史上，工会可促使收入平均分配。20世纪50年代初期，大约1/3的美国劳动力加入了工会。到了21世纪最初10年中期，工会成员的比例掉到了13%左右；如果把公家机关的工会（例如教师工会）排除在外，只有8%的民间部门的工人加入了工会。

什么公共政策可以减少收入不均？一个显而易见的办法，是对高收入的人课征重税。有趣的是，随着收入不均的扩大，那些高收入的人缴纳的联邦政府税金的比重也显著增加。根据美国国会预算办公室的数据，1980年，收入排行前20%的人的纳税额，占联邦政府总税收的56.3%，其中不仅包括所得税，也包括社保、医疗保险、消费税，以及他们最后通过公司所得税间接支付的钱。到了1990年，这个比重上升至57.9%，1995年占到61.9%，2000年占到66.7%，2007年占到68.9%。如果只看收入排行前5%的家庭，他们在2007年所缴的税，占联邦政府总税收的44.3%。总之，那些收入较高的人得到了更多的收入，但他们缴纳税金的比重也增加了。

无论用什么形式,把更多的金钱分配给穷人都会减少收入不均,但如同我们在前面的章节讨论的,这类政策必须小心设计,才能维持就业动机。重新分配可能也无法解决收入不均扩大的社会根本问题,例如接受良好教育的机会不一样。

有些人大力提倡扩大薪资收入租税抵减制度,这个概念是,如果某人全职工作,那么我们应该确保他赚到像样的工资。积极采用这个政策工具来减少收入不均,可能要付出高昂代价,但它可能也会给社会带来很大的好处,例如家庭稳定以及相关社会问题的减少。

用于减少收入不均的政府预算,不一定要直接付现金给贫穷家庭。可采取扩大公立学校或学校午餐计划预算的形式。在某些地区,可以扩大公共交通,低收入家庭往往会比其他人更常使用。政府可以花更多的钱保护小区的公共安全,例如在低收入地区配置更多警力。政府可以在公共领域投入更多资源,例如图书馆、公园、学校(尤其是课后辅导计划)和小区活动中心等。这类措施不是直接把钱分配给中低收入的家庭,但它们会增加公共领域和公共资源的安全程度,这才是低收入家庭急需的。虽然收入不均逐年恶化使我烦恼,但我比较担忧的是穷人每天面对的生活条件,而不是富人的高收入。

17 品牌可以让消费者对质量比较放心

> **信息不完全与保险：**信息不完全造成了保险市场难以解决的失衡问题。

想象一下，你打算买部二手车，但对于汽车引擎根本一无所知。你知道你的信息不完全，所以去读了《消费者报告》，上了一些网站，甚至花钱找技师检查汽车，但你仍无法确定车况。想象你发现有两部车是自己想要的款式，外观差不多，有一部的价格接近预算，另一部只要 1/3 的价钱。你会买哪一部？你会买价格跟你的预算差不多的那部车，还是便宜的那部呢？

在一个信息完全（perfect information）的世界，你的信息告诉你这两部车是一样的，买下便宜的那部，你就赚到了！而在一个信息不完全（imperfect information）的世界，你得担心很低的价格也许表示另有玄机，也许代表掌握信息比你多的人认为那部低价汽车是不良品。因为信息不完全，买家很难做决定。

市场上出现有意愿的买家和有意愿的卖家，一般情况下假设双方都明白自己得到的是什么而自愿交易。你给肉贩10美元，肉贩给你一块鲜美的肉。然而，现实世界充满了信息不完全的情况，这可能会对市场运作方式造成问题。

想象一下，你在公司负责雇用员工，有应征者在工作申请表的"期望待遇"栏填了一个数字，是你设定的薪资预算的一半。这个价格真划算！你收集这个人更多的信息，如履历、推荐人等。但在那天下班前，你仍觉得不踏实。你的信息不完全，不知道这个人到底是什么样的员工。你应该雇用他吗？他愿意为了你薪资预算五折的价码来工作，表示他迟早会出乱子吗？你就是无法确切知道。由于信息不完全，风险和不确定因素就会来搅局。

再想象你在银行负责放款，有一个申请人说："我真的很想要这笔贷款，因此我愿意每年付给银行比行情高10%的利息。"当然，你可以收集这位贷款人的财务信息和公司信息，但是，贷款给一个愿意付很高利息的人，你有什么感觉？也许你会说："这对银行似乎是很棒的交易，就放款给你吧。"但你更可能推测："这个人似乎很急切，他的风险可能会很高，而且他心里有数。如果他违约拖欠，即使利息很高，对我或银行也都没有任何好处。"

市场上有各种试图减少信息不完全的方法。万一产品的功效不像广告所宣称的那样，公司的担保、保证和服务合约将有助于承担消费者的风险；商标和品牌则可以让消费者对商品质量比较放心。在劳动力市场，履历和推荐人有助于减少信息不完全的问题，教师、护士、会计师、律师、物理治疗师和不动产经纪人持有的资质证明也是如此。在金融市场，信用评级、放款担保人和抵押品等机制也有一样的效果。

政府介入与制定信息披露的规则，在大多数情况下，这类机制能让市场顺利运作，例如，政府规定食品包装上要标示成分，以使消费者在选购时能有更充分的信息做参考；或要求企业披露某些财务信息并接受外部查账。然而，有些规范引发了争论。很重要的一例是，信息不完全造成了保险市场难以解决的失衡问题。

道德风险与逆选择

保险市场包括个人保险（例如健康保险、汽车保险、财产保险、人寿保险）和社会保险（例如社保退休金、失业保险、职业灾害补偿、灾难救济）。保险提供者必须估计买家出事后要求赔偿的风险，但是，关于谁会遭遇什么事的信息相当不完全，因此保险市场可能面临危机。

为了了解这个难题，我们先来看看保险的运作方式。根据统计，我们知道一个群体里有多少比例的成员可能发生某件憾事，但我们不确定该群体里哪个人会出事。当人们购买保险时，他们把钱投入一个共享的基金池，这笔基金被用来赔偿遭遇不幸的人。

拿一个简单的汽车保险案例来说。假定某个群体有1000个驾驶人，保险公司可以把他们分成四组。其中900人在一年内不会发生任何事故；50人只会遇到一些车门凹陷或掉漆等极小型的事故，平均每人要花100美元；另外30人会发生中型事故，平均每人要花1000美元；剩下的20人会发生大型事故，平均每人的损害要花15,000美元。保险公司知道这些数据，但它不知道哪个驾驶人在年底会出现在哪一组。

看看这些统计数字，保险公司每年需要花费在这群驾驶人身上的总支出是多少？如果计算可能会发生的所有成本，将是335,000美元。因此，如果这1000个驾驶人，每人每年支付的保险费是335美元，那么保险公司就会获得它所需要的335,000美元，足以负担即将发生的所有事故的总成本。当然，这个计算忽略了两个关键问题。第一，保险公司在提供这项服务时，需要支付员工薪资和经营费用，而且理论上要赚一点利润。第二，在收到保费和支付理赔的时间之间，保险公司可以将这笔钱投资于金融市场并赚取报酬。但是，对很多保险公司来说，每年公司的营运成本与转投资的报酬差不多持平，所以，把公司收进来的保险费和付出去的理赔金做比较是公平的。

其实，上述的保险市场隐含着一个基本规则：平均一个人在一段时期内投入保险的钱，必须非常接近他在这段时期拿到的保险金。

保险公司的支出通常会跑到理赔金高的一小部分客户手中。在刚才提到的例子中，335,000 美元里有 300,000 美元是付给这 1000 个人中的 20 个人的，他们只占 2%。所以，在一年结束时，那 20 个人会觉得买保险赚到了，但绝大多数人可能会觉得他们付钱给这个系统，却没有拿回多少。同样的道理也适用于健康险、财产险或其他保险。

到目前为止，我们是假设群体中的任何一个人发生负面事件的机会是随机且相等的。如果不是这么一回事呢？发生像车祸这样的倒霉事的风险，在某种程度上可能会受到人们自己行为的影响。无论保险公司多么仔细地收集信息，这个信息都是不完全的。因此，会出现几个问题。

第一个主要问题叫作道德风险（moral hazard），意思是拥有保险会使人不太会采取预防措施来避免或阻止坏事发生。被保险人较没有动机改变习惯或改善条件，以致对坏事更无招架之力。例如，拥有高额火灾保险的工厂可能不会太在乎老旧厂房的防火问题，投保盗窃险的人不太可能会购置保安系统。拥有健康保险的人，每当鼻塞或咳嗽时，会比没有健康保险的人更可能去就医。道德风险这个抑制因素，使得保险公司的总支出比它们应有的支出高。

保险市场的另一个重大议题是逆选择（adverse selection）：特别可能遭遇坏事的人更可能购买保险，而风险很低的人不太可能会购买。如果保险公司只是以平均损失来设定保险价格，那么知道自己比一般人安全的那些人就会退出市场，或者顶多购买最低保额的保险；另一方面，保险公司将承保较多风险偏高的人。保险公司吸引了高风险客户，就需要提高保费，但保费一旦提高，低风险和中风险的客户就会退出，或是缩小投保范围。因为逆选择现象，保险变成了一种游戏，不再是分散全体保险人的风险；而保险公司则想要选择低风险客户，排除高风险客户。

保险方案中有各种方式来解决道德风险和逆选择问题。排除条款、部分负担和共同保险可以把一些财务风险转回客户身上，而且可以鼓励客户尽量减少有道德风险的行为。曾有健康保险的相关研究显示，当一群病人有适度的部分负担而另一群病人没有时，有部分负担者使用的医疗资源会少1/3，实际上这两群病人的健康状况是相似的。

为了降低风险，保险公司可做的另一件事情就是取得更多的客户。客户越多，越有可能使低风险的客户保持在一个良好比例，以抵消高风险族群的影响。因此，通过雇主买健康保险会比自己去买更便宜，而大公司里员工的健康保险也会比小公司的更便宜。汽车车主投保几乎是强制性的，低风险的驾驶人无法退出市场，这也能减轻整体风险。

棘手的难题

在大多数工业化国家，健康保险市场本身存在的信息不完全问题，多由国家控制的医疗体系来处理。这些国家以各种方式建立整体计划，但它们有一个共同现象，那就是医疗领域中信息不完全的问题很严重，以致自由市场无力解决。除了美国以外，全世界的政府都是借由控制医疗供给量、何时应该提供医疗以及应该花费的金额，来处理道德风险的问题。这些国家还把全国的人都纳入保险范围，借此处理逆选择的问题。

你也许知道，美国在医疗领域花费的钱，比全世界任何工业国家都多很多。根据世界卫生组织（WHO）的数据，2007年美国的医疗支出（包括私人和政府提供的资金）大约是每人7300美元。相较之下，加拿大、法国、德国、日本和英国的每人支出介于2700～3900美元之间。医疗支出占国内生产总值（GDP）的比重，美国是15.7%，加拿大、法国和德国介于10%～11%，日本和英国大约是8%。总之，美国医疗领域的人均支出是经济实力相当的其他国家的两倍。

上述情况一般解释为美国的医疗服务和医疗研究都有优秀的质量。无论是制药还是设备方面的创新，都有较好的报酬，医生与护士的辛劳及教育投资也有较高的回报。然而，我们看不出美国的医疗质量比别人好两倍。美国医疗领域的高额支出似乎看不到显著效果，尤其是考虑到21世纪最初10年中期，仍有4000万美国人根本没有健康保险。

信息不完全的难题，并没有一个简单的解决方法。在美国，政府几十年来已是医疗计划的最大支持者，例如卫生保健

（给老年人）、医疗补助（给穷人）、退伍军人福利以及公务人员保险。2010年，奥巴马总统签署了《患者保护与平价医疗法案》（*Patient Protection and Affordable Care Act*），目标是扩大健康保险的范围并抑制成本。落实该法案确有争议，它会使美国投入医疗市场的程度更深。同一时期，全世界很多国家的政府比美国更深入医疗市场，而且正试图在医疗系统中置入更大的竞争性和成本意识。没有哪个国家对医疗系统完全满意，也没有人找到神奇的方法与制度架构，可以在扩大承保范围的同时，遏制医疗成本的上升。

18 谁能监督代理人？

> **公司与政府治理**：最不信任公司治理的人，最有可能相信政府可以监督公司。

有些人信任企业，但不信任政府；有些人信任政治领袖，但不信任民营企业。经济学家则对谁都不信任。虽然企业领袖有能力以低廉的价格提供高质量的商品与服务，并为员工提供好工作，政治家则能在符合公众最大利益的原则下制定有远见的法案，但我们也知道有些企业领导人会搞垮公司以自肥，有些政治人物对保住官位和收回扣的兴趣，远大于为民谋福利。这正是治理的议题，企业和政府组织要如何治理？什么样的激励会对它们的领导者产生效果？

经济学家所说的代理人问题（principal-agent problem）的分析架构，可以用来分析治理议题。在代理人问题中，委托人这一方想激励对方，也就是让代理人以某种方式尽力工作。在政治领域，公民是委托人，而政治人物是代理人，政治人物在理论上应依公民利益而行动。以公司而言，股东是委托人，而经营者是代理人，经营者按理应该为股东利益而做事。雇主和员工的关系，也有代理人问题。

代理人问题通常涉及信息不完全，委托人很难知道代理人是否努力（或有效率地）工作，或是依委托人的最佳利益来做事。以雇用为例，从委托人和代理人的观点来看代理人的产出都十分清楚时（这位员工可能安装汽车风挡玻璃、销售办公用品或采收农产品），委托人和代理人可以商定根据产出来支付薪水。但大部分时候，产出不是完全看得见的。研究员的产出是什么？快餐店店员的产出是什么？相对于代理人，团队其他成员的产出是什么？你如何处理员工无法控制的情况，例如设备故障或没客户上门。大部分情况下，雇主在计算薪资福利时，很难排除主观因素。

谁能监督代理人？

评估企业和政府领导人的产出绩效，难度可能更高。企业目前的情况或政局的好坏是可以客观评断的，也许优秀的领导阻止了坏的局面变得更坏，差劲的领导则会让好的局面无法更上一层楼。公司股东或选民要如何辨别个中差异？在企业和政治的代理人问题中，还有另一个问题是委托人数量庞大，以致出现"搭便车"现象。对任一个别委托人来说，监督代理人可能要花费很大的精力。毕竟，在数千位股东或数百万位选民中，为什么是你花时间、成本和力气来监督公司或政府领导人的绩效呢？此外，单一股东或选民的意见可能对代理人没有约束力，除非该股东或选民获得许多委托人的支持。换句话说，如果个别委托人缺乏控制代理人的力量，那么代理人将缺乏动力完成有利于委托人的事。

近年来的一个经典案例是安然[1]（Enron）公司。安然是从事天然气和电力相关商品买卖的公司，2000年12月31日的股价是83美元。之前其股价在1998年上涨37%，1999年上涨56%，2000年上涨87%。好事接踵而至，安然因为它的网络交易和长期契约策略，被《财富》杂志的"最受尊崇公司调查"评选为"美国最具创新力的大企业"。到了2001年12月2日，安然却申请破产，且因诈欺罪而遭到司法调查。

一家公司怎么会在不到一年的时间里从标杆企业重重跌落，落得高级主管成阶下囚的下场？当时有什么预防措施运作失灵吗？首先，个别股东缺乏控制力和动机来监督高级主管。在大部分公司中，股东选出一个董事会来直接负责雇用和监督高级主管，但通常来说，同样一批高级主管也决定了董事会的成员。公司董事会的独立性和中立性是值得质疑的。董事会成员不是全职的，其主要任务是参与年度的一些大型会议，而会议的信息和议程是由同样一批高级主管安排的（你猜对了）。

---

[1] 安然从一家小公司，利用关联交易、高估资产、操控利润、隐瞒负债，快速成为美国第七大企业、全球最大能源交易集团。2000年，其营业额突破1000亿美元，破产前曾拥有逾2万名员工。其财务问题在2001年10月曝光，安然案终成为美国有史以来的最大宗破产案，严重冲击了美国资本市场以及全球金融市场。

因此，虽然积极的董事会可以监督公司，但能做的有限。

上市公司依法必须被审计，且必须公布财务信息。然而，在安然公司瓦解后，我们更清楚地看到，有些稽核人员并没有如股东期待的那样积极监督公司的财务。毕竟，稽核人员是为公司工作，拿公司薪水，同时要监督公司运作。我认为有些会计师可能会产生类似税务律师的心态，税务律师的工作是钻税务法规的空子，想出方法逃税，有些会计师似乎也觉得他们需要为公司发布一些获利数字（不管现实情况如何）。安然的外部审计——安达信会计师事务所（Arthur Andersen），在2000年从安然得到5200万美元的服务费，这笔钱无非就是协助安然的高级主管脱困的诱因。

监督高级主管的另一个可能是外部的重要投资人，例如持有大批股票的共同基金或退休基金。对公司的投资越大，越有动力去注意公司的经营。但在安然案中，大型投资人也没有发挥太大的作用。2000年年底，约60%的安然股票是由大型投资人持有的。2001年10月，在公司危机浮上台面的数个月之后，大型投资人仍然持有约六成的安然股票。大型投资人既没快速反应，也没积极监督。

还有谁可以监督大公司的高级主管？在现代金融市场，给投资人操作建议的股票分析师、放款给企业的银行、财经媒体记者，这群人存在的目的都是为了评估公司的健康状况，也有力量来监督高级主管。例如2001年3月，《财富》杂志登了一篇著名的文章质疑安然案,但没有多少负责监督的"看门狗"跟着吠,因为股票分析师的薪资及信息管道仍取决于与公司的合作关系。同样的道理也发生在记者和银行家身上。没有人想在宴会上惹是生非,否则以后就会被拒绝来往。

股票期权一度被用来激励高级主管认真为股东利益打拼,它的概念是,如果高级主管拥有很多股票,他们就会更有意愿提高股价。高级主管的股票选择权在20世纪90年代开始非常流行,但它不一定会改善经营绩效。有些主管尽其所能拉抬公司的短期股价(在一些案例中,甚至包括欺诈),在跌价前卖出股票,留下烂摊子给其他股东收拾。

2002年,安然案及其他类似灾难爆发后,美国国会通过了《萨班斯-奥克斯利法案》(*Sarbanes-Oxley Act*),在公司治理的制度上加入新规定,包括董事会的选任方式、审计师和股票分析师的规定,以及官方的会计监管委员会。这些规则可能有帮助,但需要成本,它们距离解决公司治理的代理人问题还很遥远。高级主管仍有强烈的动机去发布高利润信息并领取高薪,很多高级主管的监督者仍有强烈的动机避免得罪影响他们职业生涯的这些幕后之人。看看一些银行、金融机构在2007—2009年经济衰退前的不良放款及财务决策,就知道公司治理的大问题仍然存在。

代理人制度常失灵

把话题转移到政府治理。最不信任公司治理的人，反而最有可能相信政府可以监督公司去履行企业责任。但经济学家指出，公司和政府都会出现类似的治理问题。

我们已知政府在市场经济中可能扮演多重角色，以公共权力改善社会福利：抑制垄断厂商、阻止公司的违法竞争行为、减少污染、扶持科技产业、提供公共物品、对抗贫穷和收入不均，以及处理信息不完全的问题。民主国家应该遵循林肯总统在葛底斯堡演讲时的名言：民有、民治、民享。依民主的简单理论，选民选举和监督官员，但实际上，很多人根本不投票。最近一次的美国总统选举（2012年），达到投票年龄的公民只有一半多一点去投了票。2008年的选举只有57%的投票率，2004年只有55%，2000年只有51%。在都会区真的去投了票的人，通常只有当地选民的1/4～1/3。

人们为什么不投票？不论何种规模的选举，胜败差距都是以几百、几千甚至数百万票来衡量的，一个理性的选民知道自己的一票不可能造成差异，因此很多人不关注选情或投票。经济学家安东尼·唐斯[1]（Anthony Downs）在《民主经济理论》

---

[1] 安东尼·唐斯（1930— ）：美国著名政治学家、经济学家，公共选择理论的主要代表人物之一，现为美国布鲁金斯学会（Brookings Institution）高级研究员。唐斯著述颇丰，最有影响力的著作是《民主经济理论》和《官僚制内幕》（Inside Bureaucracy）。

(*An Economic Theory of Democracy*)一书中提出了这个问题:

对民主国家的很多公民来说,无论政治信息本身透露了什么,理性的行为是绝不考虑对该信息多花费成本。不管该免费信息对理性的公民透露政党之间的差距有多明显,或自己还不确定要支持哪一党,他都明白自己的一票几乎没有机会影响选举结果。

即使是过去十年来几场惊心动魄、票数接近的选举,差距也有几百或几千票,而不是你那一票。

为拉升投票率,常见的方案包括延长投票时间、将选举日定在周末,以及放宽缺席投票的规定。虽然美国已经朝这个大方向努力了数十年,使投票越来越简单,但仍没看到投票率有任何提高的迹象。

如果大多数人都不表露心声,有谁会呢?答案是特殊利益团体。它们人数虽少,但组织健全,可能会对立法议员施压,牺牲别人的利益而制定对其有利的公共政策。为了这些特殊利益团体,政治人物可以挟选票的力量制定法律,以使单一特定区域受益,地方建设经费即是一例,此时民主制度面临好处集中在有限地区,而成本由全国人民负担的问题。

专项拨款,也称为"政治分肥支出"(pork-barrel spending),是另一个例子。这是对民主的挑战,利益集中在有限的地方,成本却要广摊。专项拨款的利益是明显的,有利于拨款地区的选民,但成本要由全国来承担。也有几个不同地区的立法议员联合起来，共同努力让一项法案通过，大的交通设施项目的立案往往就是这样，受益的是这些立法议员代表的几个地区。政府国防预算的通过，也是军事基地和武器承包商所在地区的立法议员们极力推动的结果。

除了投票率低和特殊利益团体的问题，当出现多重选择时，选举结果可能无法反映多数人的偏好。例如，假设某选区60%的人口是自由派，40%是保守派，如果各推出一位候选人，那么自由派将获胜。但是，在一场三方角逐的选举中，若有两位自由派和一位保守派候选人，自由派的选票就有可能被分散，最后反而是少数派的政党胜出。

公共治理的最后一个难处是政府发觉它很难退出。当厂商生产一个没人要的商品，或是生产成本比竞争者高时，它就可能亏损。如果不改变方式，早晚会倒闭。但是，如果政府的计划行不通，会怎么样？谁来撤销政府的计划？如果政府机关提供差劲的服务，又如何呢？谁来提供竞争以抗衡差劲的服务？除了少数例外，政府内部并没有机制允许较好的生产者参与。

若因为上述这些问题，就主张抛弃民主政治，当然是过度反应。但是一个务实的经济政策学者需要认清，民主政府不是由一群聪明、热心公益的模范生统治的。政府是由一群代理人组成的，选民和公民试图引导和控制方向，但不一定会有成效。即使是最有企图心的政府措施，也可能使政局恶化，而不是变好。

微观经济学原理总结

到这个章节为止，我们已经谈完了微观经济学的基本原理，让我们来总结一些重要概念。我们需要同时理解下面几个潜在对立的问题：

◎ 市场是非常有用的制度，社会可以通过市场来分配其稀有资源。市场为有效率的生产、创新、善用资源、满足消费者需求和欲望，以及逐渐提高生活水平提供动力。

◎ 市场有时可能会产生我们不想要的结果：垄断、不完全竞争、负外部性（例如污染、无法支持技术或无法生产公共物品）、贫穷、收入不均、信息不完全，以及管理不善的问题。

◎ 政府在处理市场问题时可以扮演有用的角色，但它的行动也是不完美的，在某些情况下，甚至会造成自身更大或另外的问题。

思考经济政策时，你的挑战在于保持务实。要诚实面对市场发生的问题，答案要明确。对政府的作为要实事求是，坦然面对权衡取舍和风险。当你采取这种方法时——无论最后得出什么样的政策结论——你的思考方式就像经济学家了。

宏观经济学篇

19 人均 GDP 是一个有用的比较工具

宏观经济学和国内生产总值:人均 GDP 较高的经济体,在很多方面都有较好的发展。

宏观经济学的观点是总合的、由上而下,它把整个经济视为一个大型有机体,内容包括经济增长、失业、通胀、贸易差额等。宏观经济的观点并非只是放大版的微观经济学(前面章节的主要焦点)。微观经济学关注商品、劳动力及资本的个别市场,以及垄断、竞争、污染、科技、贫穷、收入不均、保险和治理等议题,但它没有实际的语言来谈论国家的宏观经济问题,例如经济增长和贸易逆差。微观经济学可以解释为什么商品价格可能上涨,或者为什么公司可能雇用或解雇员工,但它无法掌握宏观经济的议题,例如整个社会的通胀或失业。此外,微观经济学没有讨论宏观经济政策,例如政府预算、预算赤字或者中央银行影响利率和信用的行为。

事实上,在微观经济学中出现的个人理性行为,当团体中的每个人都这么做的时候,有可能导致出乎意料的结果。想象你在人山人海的体育场里听音乐会,你想以更好的视角观赏台上的滑稽表演,所以你站了起来。然后,别人为了好好观赏,也站了起来,最后所有人都站起来了。每个人的行为都是出于微观经济、个人观点的理性行为,但最后宏观经济的结果是,没有人能得到比原来更好的观赏体验。

经济政策的四个目标

为了提供一个思考宏观经济政策的概括架构,我们将研究宏观经济政策的四大目标,然后以一个分析架构来思考目标之间的关系,再以两组工具来完成这些目标。

宏观经济政策的四个目标是:经济增长、充分就业、物价稳定和国际收支平衡。

讨论宏观经济政策的架构称作总供给与总需求模型,这个架构有助于构建宏观经济分析,并使我们能够分析经济增长、失业、通胀和贸易差额之间的取舍关系。宏观经济政策的两组主要工具,是财政政策和货币政策。财政政策是政府税收和支出的政策,包括政府预算和预算赤字。货币政策是指中央银行的政策,它会影响利率、信用以及社会上借款与放款的数量。

在正式探讨宏观经济学的主题之前,先应了解"国内生产总值"(Gross Domestic Product, GDP)的概念,它是一个国家经济规模的衡量标准。GDP 的定义是:一个经济体一年内所生产的最终商品和服务的总价值。GDP可以根据生产与销售的商品价值，或需求与购买的商品价值来衡量。就定义而言，所购买与所销售的商品总数量是相等的，所以衡量GDP的这两种方式会得出相同的答案。

举例来说，2009年美国的GDP是14.2万亿美元。从生产面来看，13.4%是耐用品，例如冰箱和汽车；另外13.4%是非耐用品，例如食物和衣服；66.2%是服务；7.7%是公共基础设施建设（这些数字加起来超过100%，是因为大约1.1%的产品是存货，尚未卖出，所以未被计入产出）。很多人考虑经济时，首先想到的是耐用品（从工厂生产出来的坚固的东西），但非耐用的商品和服务，例如医疗、教育、金融服务、法律顾问、美发、修车、除草、打扫，以及照顾儿童等，占美国产出的一半以上。人们说我们生活在一个服务业的社会，指的就是这些。服务业占美国经济的比重已经持续增加了好几十年。

GDP的内涵

你也可以从需求面衡量GDP。2009年，美国家庭消费的需求大约占GDP的70%。当时，企业投资支出约占11%，但每年变化很大。政府支出约占GDP的21%，这个数字可能看起来有点低，因为联邦政府、州政府和当地政府加起来一年的总税收大约占GDP的1/3。但是，这个数字只代表政府直接采购的金额,政府用来照顾人民的钱(例如退休金和社会福利)是以消费的形式出现的。最后一类是出口和进口。出口是其他国家对美国产品的需求,它会加进总需求;进口则是美国对外国产品的需求,它会从总需求中扣除。最近几年,美国进口已经大大超过出口,这表示有贸易逆差,这个主题我们稍后研究。这里提供一个好用的速记法,如果你问一个经济学家 GDP 是什么,有时他会回答 GDP=C+I+G+X-M,也就是:GDP= 消费 + 投资 + 政府支出 + 出口 - 进口。

在实际操作层面,是谁在计算美国巨大的国内生产总值呢?答案是美国商务部管辖下的经济分析局(BEA),它会从各种调查和信息来源中收集资料,有些按月,有些按季,有些则按年。有时,政府的统计学家会先推估,在每季度结束后做初步估计,当所有数据收集齐后,再发布最终估计。每隔五年,BEA 会回顾它在这段时期发布的所有结果并修正,有时会有大幅修正。

经济学家通常会关注人均 GDP,也就是每人的 GDP。这是粗略估计某特定时间和地区生活水平的方式。把 2009 年 14.2 万亿美元的 GDP 除以 3.07 亿人口,即得到每人 46,000 美元。人均 GDP 是一个有用的比较工具,因为它会自动调整不同国家或不同时间的人口差异。

下一个重要的估算项目叫作实际国内生产总值(real GDP),它是经过通胀调整后的 GDP。假设在某一年,GDP

比前一年增加了5%。统计学家在研究价格变化时，发现这5%的GDP增长中，有3%归因于通货膨胀（意即价格变高的缘故）。因此，剩下的2%才是通过生产实际增加的商品和服务。通胀的调整，对短期比较很重要，对长期比较更是不可或缺。

GDP在概念上仍然不完美，的确，所有的经济统计都有不完美的地方。因为GDP衡量的是买卖的商品，所以，会影响生活质量但没有买卖的东西不会直接纳入GDP，典型的例子是家庭生产。大约在20世纪60年代晚期到70年代早期，女性进入职场的人数激增，因此，过去在家里生产的很多商品和服务，例如供应三餐、家庭打扫与儿童看护，现在更有可能在市场上买卖而被纳入GDP。这是GDP的一个显著变化，它不会反映社会所生产的商品与服务数量的实际变化，只反映这些商品是在家生产的还是从市场上购买的。

此外，有很多东西会影响人们的生活水平与幸福感，但无法像商品般被量化。举例来说，如果每个人一周少工作10个小时，或每年有额外的两周假期，但产出仍然相同，GDP不会有任何增长。污染程度的变化也不会直接显示在GDP上，交通拥挤或通勤距离，除了其中的汽油、外卖咖啡等消耗品，也不会如同买卖的东西一般显示在GDP上。负面事件（例如自然灾害）可能导致一个城市大规模重建，这使得GDP在短期内看起来是增长的，但当地人的生活水平其实是明显降低的。预防犯罪的成本被视为 GDP 的一部分，但实际犯罪的成本（损失和破坏）不是。人们的平均寿命变长而且更健康，这件事无法用 GDP 以任何方式直接反映，只能在医疗服务的支出项目上纳入 GDP。

即使是在 GDP 项目之内，怀疑论者也可能会问：相同价格的东西是否真的有相同的价值。举例来说，一袋土豆片和一袋新鲜的有机苹果的价值相同吗？《财富》杂志和色情杂志的价值相同吗？枪战电影门票和艺术博物馆门票的价值相同吗？GDP 只是把买卖的东西加起来，它和价值判断无关。

最后要注意的是，GDP 只包括成品，不包括投入制造这些商品的中间产品，例如投入制造汽车的钢材、投入制造椅子的木材等。如果你把投入制造汽车的所有零部件（如钢材或塑料）都加进来，就会重复计算。此外，所有权的移转也不会显示在 GDP 上。举例来说，GDP 会反映你买的新车，但不会反映你卖给邻居儿子的二手车；会反映你建造新房子或装修旧房子的成本，但不会反映你买的旧房子。你买卖的公司股票也不会被计入 GDP，因为它没有创造任何东西，只是交换，只有股票经纪人的手续费被当作服务费计入 GDP。股市的大幅涨跌对 GDP 也完全没有直接影响。

虽然有其局限性，但 GDP 对衡量经济状况来说仍是一个有意义的工具。人均 GDP 较高的经济体，在很多方面都有较好的发展。它们有更个人化的消费，不只是我们想到的奢侈品，还包括医疗和教育等服务。人均 GDP 较高的社会，通常也有较干净的空气和水，还有较高程度的个人安全。睿智的诺贝尔经济学奖得主罗伯特·索洛[1]（Robert Solow）曾经说过："如果你必须追求某样东西，那实际国民收入最大化是个不错的选择。"

美国历年的 GDP 显示长期向上的趋势。经过通胀调整后，21 世纪最初 10 年中期的 GDP 大约是 1950 年的 5.5 倍。1950—2010 年，实际 GDP 每年平均增长 3%，这并不表示 GDP 每年都是向上增长的。GDP 呈现明显且持续的下滑，就叫作经济衰退（recession）。一些经济学家认为，GDP 持续下滑六个月（也就是两个季度）就是持续性衰退（lasting downturn），但这个时间范围并非官方定义。经济衰退的起点和终点，不是由哪个美国政府机构来定义的，它们是由国家经济研究局（NBER）——这个非营利研究机构的一个经济学家委员会来定义的。

根据 NBER 的资料，1900—2010 年，美国共发生 23 次经济衰退，即平均每五年就有一次经济衰退。经济学家注意到，2001 年经济衰退之后，最近两次衰退（2001 年和 1990—1991 年）的间隔时间较长，而且较温和。但 2007—2009 年的衰退非常严重，影响深远。因此，根据 GDP 的表现，用一句话来总

---

[1] 罗伯特·索洛（1924—　）：美国经济学家，以其新古典经济成长理论（被称为索洛模型）著称，1961 年获美国经济学会克拉克奖章，1987 年获诺贝尔经济学奖。

结美国的宏观经济，那就是长期趋势向上，但这个趋势有时会被短期的负增长干扰，通常每十年内会有一两次。在经济环境中，政策目标应该是阻止或控制经济衰退，同时要奠定长期增长的基础。

20 为什么人们重视经济增长?

> **经济增长**:长期来看,经济增长是唯一会影响生活水平的因素。

这里要问一个问题:你是比较喜欢生活在现代化的美国社会,有一般的生活水平与6万美元的家庭年收入,还是比较喜欢生活在1925年,同样每年赚6万美元,而这笔钱相当于2010年的80万美元?在你做选择前,先想想:1925年6万美元的年收入代表你非常富有,可以过上奢华的生活,有一栋大房子,有仆人和一切最好的东西,但你得以1925年的物质水平来生活,没有现代化的电信、交通和医疗条件。

你想过哪种生活?当我在各种场合提出这个问题时,人们通常会回答喜欢过目前的生活,两种生活的选择比例大约是2∶1。当然,这个问题没有正确答案,但它说明了为什么人们重视经济增长,更甚于在某个时间点变得比别人富有。

经济增长会随着时间产生复利效果。年增长率的若干差距,会在一代或两代人后造成生活水平的巨大差异。预测一个经济体未来的价值(FV),公式是拿它的现值(PV)乘以"1+

经济体的增长率"的 t 次方，t 是年期数，[PV（1+r）^{t}=FV]。实际上，它和计算个人为退休生活而储蓄的报酬率的公式是相同的。经济复合增长率的计算过程，与利率复合增长率的计算过程完全相同。

让我们代入一些数字来看看它会怎样。想象你已经得知某个经济体每年增长 1%，为了简化计算过程，我们假设它最初的 GDP 是 100，其货币单位是该经济体的假想货币。10 年后，它的 GDP 会超过 110。25 年后，GDP 会变成 128。40 年后，GDP 会达到 149。这个结果不差，但也不令人惊讶。

现在我们来看每年增长率为 3% 的情况，这大约是过去几十年美国经济的平均增长率。每年增长 3%，10 年后，GDP 会从 100 变成 134；25 年后，会变成 209；40 年后，会达到 326。换句话说，每年增长 3%，经过 40 年，该经济体的规模会达到最初的三倍以上。复利的力量会造成实际上的巨大差异。

经济体最初的 GDP 为 100，增长 10 年、25 年、40 年后的结果			
	实际经济年增长率		
	3%	5%	8%
时间 10 年	134	163	216
25 年	209	339	685
40 年	326	704	2172

注：这个表格中的数据是用公式 PV(1+r)^t=FV 计算的，其中 PV 是

该经济体规模的现值（在这个例子中，GDP为100），r是该经济体的年增长率，t是时间，而FV是未来值。

假如每年的增长率是5%，又会怎样？这是美国在经济情况很好时可能出现的增长率，很多国家（包括巴西和墨西哥）也持续拥有这样的增长率。每年增长5%，一个经济体最初的GDP为100，10年后，会达到163。25年后，会达到339，是最初的三倍以上。如果可以维持这样的增长率，40年后的GDP会是704，增加到原来的七倍以上。

最后，我们来试试经济增长率为8%的情况。老实说，8%就长期而言是上限了。这是20世纪六七十年代日本经济成长最快速的时期，以及中国最近数十年的增长率。我们来看看计算结果。有了8%的经济增长率，只要10年，GDP就会从100变成216，也就是说GDP会在10年内变成两倍以上。25年后，该经济体的GDP会从100变成685，在一个人的寿命范围内，甚至可以说是在一个人工作生涯内，几乎变成七倍。如果8%的增长率可以维持40年（从来没有哪个国家出现过，这里只是为了说明），GDP会从100增加到2172。换句话说，在一个人工作生涯内（从25岁到65岁），他可以看到该经济体增长了22倍。这是生活水平的巨大变化。

穷国可能追赶上富国吗？

这告诉我们，虽然年增长率看起来只有几个百分点的微小差异，但对未来会有巨大影响。长期来看，经济增长是唯一会影响生活水平的东西。

若一个国家的经济规模在起步时落后于其他国家，它能赶得上来吗？当然可以，前提是它能维持一段时间的高增长率。事实上，有些经济学家相信，以较低生产力起步的国家，也许可以利用所谓的"后发优势"（也被称为追赶式成长，catch-up growth）。因为落后国家可以复制和运用别人已发明的技术，不需要自己发明。目前看来，似乎全球低收入国家在未来应该能缩小其人均 GDP 与高收入国家之间的差距。

然而，这种情况在 20 世纪并不多见。从 1870 年到 21 世纪早期，国与国之间的贫富差距实际上是在扩大，而非缩小。1870 年，全世界最富裕国家的人均 GDP 大约是最贫穷国家的 9 倍；到了 1960 年，全世界最富裕国家的人均 GDP 大约是最贫穷国家的 38 倍；1990 年则是 45 倍。事实是，世界上最穷的国家在 1870 年的生活水平仅勉强糊口，当其他国家的经济在过去这段时期不断复合增长时，它依然停留在勉强糊口的水平。

国民收入低的这些国家，并不是因为全球化才变穷，而是因为和全世界其他地区几乎完全脱节。事实上，全球化和国际贸易曾经对日本、中国和印度等国家摆脱贫穷有莫大的帮助。若说全球化造成贫穷，就像在怪运动使你体重超标（其实是你没运动）。如果你没有参与，经济活动也就不可能对你造成影响。

如果说20世纪是高收入和低收入国家差距扩大的时代，那么21世纪会是差距缩小的时代吗？中国和印度等国在20世纪70年代是世界上的贫穷国家，近几十年来，其经济大幅增长。如果这些模范国家可以持续增长，并且有其他国家跟进，那么在下个世纪，富国和穷国之间的差距就会缩小。

对于穷国能否赶上富国，各方仍有争议，有些人认为差距会持续扩大。例如，我们无法确定非洲的生产力什么时候会突飞猛进，而有几个国家（尤其是在拉丁美洲）的情况似乎会摇摆不定。此外，如果一个经济体落后得很多，那它可能要花非常久的时间来追赶，我们可用长期经济增长效果的公式来说明。假设A国每年实际GDP为500美元，B国为3万美元。如果A国以某种方式在40年内维持杰出的8%的增长率，它的实际GDP会达到10,862美元。如果B国在40年内维持平凡的2%的增长率，最后其实际GDP会超过66,000美元。因此，经过40年，一国是爆炸式增长，而另一国是温和增长，结果B国的人均GDP只有A国的6~7倍，而非原本的60倍。即使是在最乐观的条件下，今后半个世纪，全世界最穷国家的生活水平仍然会严重落后于富裕国家。

生产力的三大驱动因素

经济长期增长的根本原因是生产力的提升，也就是说，每一工时的产出增加，或是每位员工的产出增加。生产力增长的三大驱动因素是：实物资本增加（意即有更多的资本设备让员工使用）、更多的人力资本（意即员工有更多的经验或更好的教育）以及更好的技术（意即更有效率的生产方式）。实务上，在市场经济的驱动下，这三个因素会一起运作。而生产力的标准算法是先计算每位员工增加的教育和经验，以及每位员工增加的实物资本设备。上述两个因素无法解释的其余经济增长，则归因于技术改善，"技术"是一个广义术语，指的是可以改变产品的各种创新。

在分析美国等经济体的增长原因时，经济学家发现，大约1/4的长期经济增长可以用人力资本增加来解释，例如更多的教育与经验。另外1/4可以用实物资本增加来解释，即更多可用的机器及工厂。约有1/2是因为新技术。如果你用类似方法分析低收入国家的经济增长原因，你会发现其教育程度和实物资本呈现快速更新，即生产力的增长主要来自实物资本和人力资本的增加，较少来自新技术。

20世纪五六十年代，美国生产力的增长率（每工时增加的产出）停留在每年3%左右。从70年代开始，生产力的增长率降到每年大约1.5%或2.0%，这种情况维持了25年左右，到了90年代后期才回升。在这25年间，美国遭遇了许多严峻的经济调整：高通胀率和高失业率，油价飙涨，国防支出大幅下降后又大幅增加，预算赤字增加。从长期来看，在这些问题中，生产力的增长趋缓是最明显的。假设30年来美国每年生产力的增长率降低1.5%，不考虑复合增长率，实际GDP将比原来减少近45%。若生产力增长没有趋缓，GDP将增加约50%，人们的薪资也会增加近50%。无论政府的目标是减税还是增加消费，人均GDP一旦增加近50%，目标就会更容易达成。

从20世纪90年代后期开始，美国经济的生产力开始提高。当时人们所说的"新经济"是建立在突飞猛进的信息技术发展上的。随着经济的衰退或复苏，生产力每年的增长也随之上下起伏，但1996—2010年，生产力的增长年平均可达2.6%。展望美国长期经济前景，最重要的是生产力的增长是否会掉回到20世纪70年代到90年代早期的缓步增长状态，抑或目前较高水平的生产力增长能否得以长期维持。

21 经济衰退，薪资很少会大幅下降

> 失业：劳动需求量下降，才会导致失业。

失业是什么？这个问题似乎简单到不需多费口舌。没有出去找工作的家庭主妇，是否该列入失业人口？如果有人对自己未来的薪资水平有不切实际的想法，而在等待一个永远不会到来的工作机会呢？明确定义失业，就可以解释这类问题。

美国官方的失业率由劳工统计局计算，每月调查并记录有多少人没有工作且正在找工作，不符合这两个条件的人则被归为"非劳动力"（out of the labor force）。大约1/3的美国成年人目前被视为非劳动力。

用这种方式定义失业，可以在不同时期提供一致性的定义，但其基本含义还是有争议。举例来说，一个人找工作找了很久都找不到，最后意志消沉而放弃了呢？如果这个人在被调查时回答"我没有在找工作"，那么他就不会被列入失业人口。如果有人只是在打零工，他在被调查时回答"我现在有工作"，其实他仍期待全职工作呢？这个人也不会被计为失业。如果有人在接受调查时没有据实回答，自称正在找工作，实际上却没有呢?他们会被计为失业,其实他们根本就是"非劳动力"。

相较于政府的统计,经济学家则以稍微不同的方式看待失业这件事。举例来说,在香蕉市场,一般而言,需求减少会导致香蕉跌价。然而,当经济衰退且劳动力需求量下降时,薪资很少会大幅下降,而会带来失业。经济学家认为,某人愿意以符合他的技能和经验水平的薪资行情来工作,但无法找到工作,才能算失业。根据这个观点,失业是指薪资因某个理由僵固在均衡点上方,使得劳动力的供给量超过需求量。

经济学家费尽心力研究,为什么薪资可能有"向下刚性"(sticky downward)及其政策含义。例如,当经济衰退时,工资可能不会下降太多的理由是,对一些员工来说,最低薪资法规或明确的劳动合约阻止了工资下降。然而,最低工资与劳动协议对美国社会的大部分劳工不会有影响。

因此,经济学家把注意力转移到员工和雇主之间的默认契约上(implicit contract)。对大多数员工而言,一段时期内的工资是相当固定的,也就是说,你的薪水在公司生意差和生意好的月份是一样多的。大部分员工偏好这种模式:如果公司生意好,他们不会被立即加薪,但如果生意差,他们也不会有立刻降薪的风险。公司也倾向于不削减工资,因为怕影响员工士气,尤其是绩效优良的员工的士气。如果公司调降工资,顶尖员工会发现自己很容易在别的地方找到工作。因此,当经济衰退且劳动需求下降时,公司宁可不削减工资,而是选择停止雇用或遣散现有员工。

我们现在要探讨只有经济学家才会质疑的问题：失业为什么不好？失业的代价是什么？

就个人角度来看，失业会伤害没工作的人。个人的损失不单是没有收入而已，远甚于此。失业会带来社会问题，从家庭的沉重压力到健康变差，甚至引起社会犯罪。从社会层面来看，失业会缩减国家经济规模。人们失业时，国家便失去了这些劳动人口的潜在产出。例如，2010年美国的国内生产总值大约是14.6万亿美元，每多1%的就业人口，就会增加约1%的产出，代表增加了1460亿美元。2010年的失业率徘徊在10%左右，也就代表损失了数千亿美元的产出。此外，失业还会增加民众对政府支出（福利及社会服务）的需求。

不可避免的自然失业率

经济学家把失业分成两类：自然失业和周期性失业。自然失业来自动态衰退以及员工就业与产业的变动。任何经济体无论是在什么时候，都会有员工换工作，有些新人正要进入劳动力的行列，有些人正要退休，而有些人因为各种理由暂时进入或离开劳动力市场。

在不断演变的市场经济里，这些自然的就业变化模式会在现行法规的环境中成为影响雇主与员工的因素。例如，如果雇主面对的法规（例如规定土地用途的区划法）使其难以或无法新设及扩大业务，那么雇主将不急于雇用员工。如果企业被要求提供某种福利给所有员工，那么企业将不太可能加人。而失业保险给付的金额多寡，也会影响人们的就业意愿。简而言之，自然失业是现代劳动力市场的必然产物，即使是在经济景气时，自然失业也无可避免。如果想通过公共政策改变自然失业，就要让劳工更容易找到新工作、接受职业训练或转换职业，甚至政府需要修订法律，以避免企业恶意解雇员工或裁员。

经济波动带来周期性失业

失业的第二个类别是周期性失业，"周期"是指经济从谷底到峰顶的经济周期。在经济衰退期间，很多企业无法达成它们的业绩目标。绝大多数企业为了保住原本的业务，不会选择削减工资，而是以减少雇用或降低劳动力需求来应对。

减少周期性失业的常见政策，是提高人们对商品和服务的需求，以对抗经济衰退，使企业有更大的动力雇用员工。政府有两个主要工具可鼓励支出，我们会在后面的章节详细讨论。一个工具是财政政策，利用减税来鼓励家庭和企业花钱，或是增加政府的直接支出。另一个工具是货币政策，中央银行可以降低利率，鼓励贷款买车或买房，以促使相关厂商雇用更多人。这些方法的优缺点，我们还会详细讨论。重要的是，你得记住：当经济遭逢严重冲击时（例如20世纪70年代油价飙升,或是90年代末期网络股崩盘,或2007—2009年的金融危机),这些政策工具都无法真正解决难题,充其量只能减缓冲击。

如果观察美国失业率在过去这段时期的模式,你会发现从20世纪50年代到70年代初期,失业率是相当低的,通常介于4%~6%之间。到了七八十年代,失业率则相对偏高,经济好的年份约6%,经济差的年份约8%。1982年,全年失业率达到近10%。90年代,又回到4%~5%之间。经济差的年份,例如2001年经济衰退后,失业率达到6%。2006年到2008年年初徘徊在5%左右,到了2009年年底又冲到了9%~10%,一直维持到2011年年初。尽管经济周期波动大,但基本的自然失业率似乎没有发生太大改变。美国的自然失业率一般介于5%~6%之间。

就像美国一样,欧洲的失业率在20世纪70年代和80年代初期明显上升。但是,在大部分欧洲国家,失业率在20世纪90年代甚至21世纪早期仍然偏高。为什么会这样?经济学家认为,欧洲的自然失业率偏高有几个原因。首先,欧洲国家的最低工资很高,工会更强大,更强烈地抵制裁员。很多欧洲政府要求企业提供多项福利,提高雇用成本,也限制零售业早上开门的时间。这些因素都使得雇用和工作的动力稍微降低,因而产生较高的自然失业率。英国和荷兰等国曾努力改革相关政策,使得失业率大幅下降。

当然，劳动力市场的议题不只是工作机会，还包括如何拥有好工作和合理的薪资。劳动力市场往往会随着时间把工资推向潜在的生产力水平。毕竟，若一个员工所得的工资超过其生产力，企业就会想裁掉该员工，或至少在其生产力提升之前不调高其工资。如果员工的生产力超过其工资，其他同业应该会愿意用更高的薪资挖墙脚。无论怎样，这位员工都会得到更高的薪水。因此，长期而言，工资增加的基础在于提升员工的平均生产力，亦即更好的教育投资、更好的实物资本设备投资，以及发明并采用新技术。一个国家若能把这三个因素结合在一起，就能达成使劳工工作好且薪资佳的理想目标。

22 通胀率走高会使市场运作不顺畅

通货膨胀：温和的通货膨胀，优于过度补贴所造成的通货紧缩。

通货膨胀会侵蚀薪水可以买到的东西。在市场经济的任一时间点，有些价格会上升，有些则会下降。但在通胀的情况下，很多必需品（例如汽油和食物）的价格会同时飙涨，多数家庭必须做出周期调整来应对。

通货膨胀，是指任一商品与服务的价格全面上升的现象。汽油价格调升 30 美分或电影票价提高 2 美元，这种个别变化不叫通货膨胀。为了衡量整体价格水平的提高，有必要收集很多不同商品价格变动的数据，并找到某种方式来计算平均价格水平的变动。基本的方法是定义"一篮子"商品，其中每个商品的数量代表一个家庭在某段时间内的典型消费。然后，你可以计算购买整篮商品（不是任一个别商品）的总成本随着时间而变化的情况。

使用一篮子商品作为衡量通胀的方式，这个构想很久以前就有了。最早的例子之一发生于美国独立战争期间，当时马萨诸塞州拟定给士兵发薪资的方式，大陆会议正在发行新货币，很难界定这些新货币实际上值多少钱。因此，马萨诸塞州公布，当士兵从战场上回来时，州政府会付给士兵5蒲式耳[1]玉米、68磅牛肉、10磅木材和16磅皮革，无论这些东西值多少钱。

各种通胀指标

通货膨胀有各种不同的衡量方式，取决于篮子里所选取的商品。例如，消费者价格指数（Consumer Price Index, CPI）是一个常见的通胀衡量指标，它由美国劳工统计局根据消费者支出调查（非常详细地调查家庭实际购买的东西）计算而得。另一个常见的指标是生产者价格指数（Producer Price Index, PPI），它是根据生产者购买的一篮子商品（例如钢材、石油及其他原料或设备）来计算的。还有一个指标是批发价格指数（Wholesale Price Index, WPI），它观察的是零售商支付的批发价格。GDP平减指数（GDP Deflator）则包括GDP的每个项目。

请记住GDP不只包括消费，还包括投资、政府支出与出口，然后减去进口。CPI和GDP平减指数，可能是你最常遇到的衡量方式。根据你想研究的问题，你可以为任何团体编制一个价格指数：例如，老年人购买的东西、穷人购买的东西，

---

[1] 计量谷物的单位，在某些国家用作大麦、玉米的重量单位。

或是某种状况的人们购买的东西。

使用一篮子商品来计算通胀有个问题，就是篮子里的商品在现实中不会维持固定不变，人们不会年复一年购买一模一样的商品。其中一个理由涉及替代的概念，意即当一个商品的价格提高时，人们会从该商品转换到买其他商品。如果咖啡价格飙升，人们会买茶或碳酸饮料代替；若汽油成本上升，更多人可能会选择公共交通。这个篮子里的实际内容，会随着每个时期而变化。因此，衡量通胀时，应该使用的篮子是咖啡在价格较高时售出的数量，或是在价格较低时售出的数量，还是两者的某种平均值？不论是哪种方式，没有哪个篮子可以代表现实世界中需求不断转移的现况。

固定一篮子商品会发生的另一个问题来自技术变化。例如，想象篮子里的商品有一项是电话服务，后来移动电话进入市场。移动电话的价格可能看起来较高，但比固网的价格有弹性，所以还是有其吸引力。接着，智能手机、网络电话服务、视频电话服务兴起。如果只紧盯传统固网的价格，就无法把技术变化纳入考虑，从而漏掉了人们在实际生活中选用更好产品的开销，意思就是消费者比以前有更多选择。

1996年，由斯坦福大学的迈克尔·博斯金[1]（Michael Boskin）教授率领的著名经济学家团体，发布了一份衡量通胀

---

[1] 迈克尔·博斯金（1945— ）：1989—1993年任布什总统经济顾问委员会主席。

的报告。据他们估计，当时的消费者价格指数高估了实际的通胀率，每年大约高了一个百分点，而这正是因消费品的篮子里没有考虑替代品和新技术。一个百分点可能看起来不多，但牵连甚广。假设某一年的名义 GDP 增长了 5%，而通胀率是 3%，因此实际的经济增长是 2%。若通胀率被高估 1%，当年实际的增长会是 3%。每年实际的增长多出这一个百分点，经过几十年的复利，当然会对生活水平有巨大影响。博斯金的报告发布后，劳工统计局调整了统计方法，在一篮子商品中纳入一些替代品，并且随着时间以旧换新来适应技术的变化。此外，当这些因素引起的生活质量变化很大时（例如计算机和信息处理），劳工统计局会试着直接估计变化，并把这个变化恰当地加入通胀公式。这些改变确实减少了通胀高估的现象，但某些夸大之处仍然存在。

从 1900 年到 1965 年，美国的通胀率年平均约为 1%。但是，通胀率在好些时候有极端波动。在第一次世界大战后及第二次世界大战后，通胀率有好几年达到两位数。这个现象的解释是，当一个国家有大量购买力却没有相对足够的商品时，通胀就会随之发生。例如，战后，多数士兵领到一笔补发薪资返乡，立刻大量采买各种商品。而 20 世纪，美国经历了经济大萧条下的大幅通货紧缩，1929—1933 年间的物价平均水平下降了约 1/3，因为当时的经济正好和战后的经济相反：大家都没钱，银行破产，无法贷款；不是过多的钱追逐太少的商品，而是没钱追逐商品,使得物价水平下降。

通胀不是洪水猛兽

除了这些例子,在20世纪60年代中期以前,美国的通胀普遍较低。在60年代晚期,通胀率开始攀升,1971年达到4.4%。当时,4.4%被认为是可怕的、有破坏性的通胀率,这使得保守的但大体上推崇自由市场的尼克松总统觉得有必要实施全国性的工资和价格管制,结果成效不如预期,导致了生产短缺以及反对价格管制的论战。到了1974年,工资和价格管制取消,通胀率急升,1974年是11%,70年代晚期再度达到两位数。

20世纪80年代初期,通胀回稳,稍后会讨论原因。当时的通胀率一般介于2%~5%之间,90年代下降到1%~4%,21世纪最初10年大部分时间介于2%~3%之间,只有2007—2009年经济跌到谷底时,通胀率接近零,当时消费者不花钱,银行不放款,因此没钱追逐商品。

通货膨胀为什么不好?这是经济学家才会关心的问题。消费者不想付高价,这难道不够清楚吗?但并不尽然。有种观点是:若各地同时发生通货膨胀,不一定是坏事。想象在某个晚上,神奇的货币精灵偷偷溜进每个人的钱包、每个银行账户、每台收款机、每张薪资支票、每个有钱的地方,然后把全部的钱都变成原来的两倍,第二天早上会发生什么事?每个人数着自己的现金大叫:"太棒了!"然后出去大采购。但所有商店老板都知道发生了什么事，因此把每样东西的价格都涨成原来的两倍。所以，即使每个人的钱都变成了原来的两倍，人们也不会比以前过得更好（或更差）。

这个小故事的重点是，若所有的价格、工资、利率和银行账户的存款都以同等比例增长，而且这个比例是每个人都知道的，那么便没有人会在意。然而，在现实世界里，通货膨胀不是均匀分配的，且不容易预知，因此会有某些团体受益，并把成本转嫁给别人。比如，如果你的薪资没有随通胀上涨，那么你的收入购买力就会下降；如果你用5%的固定利率借钱买房子，而通胀率上升到10%，那么你就赚到了，因为你可以用通胀后已经贬值的原金额偿还贷款（附带提一下，目前为止，在美国用固定利率借钱的最大债务人就是美国政府，因此通胀能使政府所有负债的实际价值降低）。另一方面，如果你用5%的固定利率借钱买房子，当通胀率下降到1%或2%时，银行就赚了。如果你是持有大量现金的人（也许你把钱藏在地窖里），通胀会让你的财富略微缩水。就算通胀率相当低，长此以往也会造成很大的差异。

应对通胀而自动调整的过程称作"物价指数连动"。如果你的房子是利率可调的抵押贷款，那么利息就会随着通胀上下变动。美国财政部发行的指数债券（indexed bond），其支付的利息就会随着通胀率自动改变。有些工会合约规定工资应随通胀自动调整，称为生活成本调整（cost-of-living adjustment,

COLA）。社保退休金也有COLA，它参考消费者价格指数做调整。物价指数连动，其实可保护人们不受通货膨胀的影响。

恶性通胀

通胀率走高，会使市场运作不顺畅，因为企业会发现其生产力的长期增长将出现困难。一个月内的通胀率达到20%，甚至40%以上，称作恶性通胀（hyperinflation）。恶性通胀最有名的例子，发生在20世纪20年代的德国[1]，也发生在80年代的阿根廷[2]、以色列[3]和玻利维亚[4]，以及21世纪初的津巴布韦[5]。这些国家的前车之鉴，让我们认识到放任通胀使其完全失

---

[1] 德国恶性通胀发生在1923—1924年间，货币的最高面额从5万马克变成了100万亿马克，最严重时，4.5万亿马克只相当于1美元。

[2] 阿根廷恶性通胀自1975年起，原最大面额货币为1000比索，1981年年底，面额达到100万比索。历经1983年、1992年两次货币改革，1新比索等于1983年以前的1000亿比索。

[3] 以色列于20世纪70年代通胀率开始攀升，由1971年的13%上升到1979年的111%，再从1980年的133%跃至1983年的191%和1984年的445%。1985年，以色列政府冻结所有物价，1986年的通胀率降到19%。

[4] 玻利维亚在1984年之前，货币的最高面额为1000玻利维亚比索，到了1985年已变成1000万玻利维亚比索。1987年货币改革，才以和美元挂钩的玻利维亚诺取代玻利维亚比索。

[5] 津巴布韦于1980年独立之后，通胀高涨加上经济崩溃，使货币严重贬值。2004年年初，通胀升至6.24倍。2006年起，政府印了60万亿津巴布韦元，支付国际欠款及公务人员薪水。2007年6月，通胀升至110倍；2008年5月，升至22,000倍。2008年12月发行的100万亿面额的新钞，实际仅值25美元。

控的代价。想象在这种情况下做生意,你在月初赚到钱,才到月底,这笔钱的购买力就缩水了 40%。在这种情况下,如何减少通胀可能带来的损失,会比为客户提供更好的服务或提高长期生产力等任何努力都更重要。

20 世纪 70 年代初期,生产力增长急速减缓,同时爆发通胀;在通胀受到控制大约 10 年后,生产力才恢复增长。上述两种情况同时发生可能不是巧合。斯坦福大学的著名经济学家约翰·泰勒(John Taylor)认为两者相关,而且通胀失控是这段时期生产力降低的原因之一。

在恶性通胀期间,消费者也会遇到麻烦。在购物时,人们会比较目前的价格和他们记忆中的价格,并根据目前的价格比预期高或低来取舍。当价格持续变动时,人们会发现自己生活在黑暗中,无法确定自己的消费决策是否正确。谨守个人或家庭预算几乎成了不可能的事情。基于相似的原因,政府的预算程序也变得毫无用处。通胀率偏高且持续波动,将导致经济活动失去动能。

为了充分了解对抗通胀的政策工具,你需要了解财政政策和货币政策,后面的章节会详述。在这里,我们可概略谈一下这些政策。

虽然较高的通胀率可能有很多不同的原因,但都和整个社会太多的钱追逐太少的商品有关。因此,对抗通胀的政策工具都会涉及抑制整体需求,使追逐商品的钱变少。对抗通胀的政策从来都不受欢迎，政府抑制需求的方法可能包括增税、削减政府支出、提高利率以抑制借贷。当通胀率是 400% 时，政府很容易取得民意共识去采取某种措施，但如果只有 5%，那就有的争论了。

反对通胀的鹰派，企图让通胀维持在低水平，且认为政府应在通胀萌芽时就采取行动。经济的参与者（包括有购买决策与规划退休生活的人，以及目前有生产决策与长期投资决策的企业）都应该能拟订思虑周全的计划。若不想被通胀游戏赚走你的钱，就要先用固定利率借钱，再用通胀后的货币还钱。企业则要注意不要一心只想避免通胀，忽略了实际的生产力增长。

通胀问题的鸽派则认为，2%～5% 的低通胀率并非洪水猛兽。首先，它能使工资不会僵固在均衡点上方。如果通胀率是 4%，员工只加薪 2%，其实就是变相减薪，但因看起来像加薪，所以不会伤害员工士气。温和的通货膨胀，优于过度补贴所造成的通货紧缩。通货紧缩会使目前的所有贷款额变高，且会造成违约欠款增加，导致经济增长停滞。最后，通胀问题的鸽派也认为，没有明确证据显示一个国家的通胀率可能会从 2%、3%、4% 甚至 5% 攀升到每年 20% 或 30%。低通胀率，相形之下是容易处理的。

我查阅过的实证研究数据显示，年通胀率 3%～5% 对经济其实没有多大影响。有些经济学家认为全球很多中等收入国家发展得很好，经济快速增长，事实上其年通胀率高达10%、20%甚至30%。一旦年通胀率达到40%，大部分鸽派人士也同意确实会出问题。高收入国家的普遍目标，是把通胀率稳定维持在2%左右。这样的通胀率够低，可提供长期经济增长的稳定基础，同时也有一点缓冲作用，可避免通货紧缩的风险。

23 贸易顺差的真正意思是借钱给国外

> **贸易差额**：贸易顺差与逆差，谈的是金钱的流向，以及向哪边的流动比较大。

很多经济统计资料常被误解，但没有比贸易差额（balance of trade）更甚的了。首先，大多数人是根据汽车和计算机等商品的出口和进口来思考贸易差额的。出口大于进口，该国就有贸易顺差（trade surplus）。进口大于出口，该国则是贸易逆差（trade deficit）。从这个概念切入是一个好的起点，经济学家称之为"商品贸易差额"（merchandise trade balance），但故事并非这样就结束了。大约 20 年或 30 年前，国际贸易指的是装满货物的轮船和飞机。如今，国际贸易涉及一国生产并在他国销售的每一样有价值的东西，电话客服中心和软件设计等服务可以设在印度或爱尔兰，美国员工可以和远地员工互动，就仿佛对方在隔壁大楼或邻近城镇一般。商品贸易差额，在整个国际贸易世界里，只是其中一个分类。

经常账户余额（current account balance）是单一统计

值，可描绘一个国家贸易余额最全面的轮廓。该数据包括商品贸易，还包括国际服务、国际投资及所谓的"单边移转"（unilateral transfer）。单边移转是没有购买商品或服务却送出的款项，例如对外援助。利用美国经济分析局收集的 2009 年的资料，经常账户余额的四个类别概况如下：

• 商品：美国出口 10,460 亿美元的商品，进口 15,620 亿美元的商品，导致商品贸易逆差 5160 亿美元。

• 服务：美国出口 5090 亿美元，进口 3710 亿美元，导致服务贸易顺差 1380 亿美元。

• 国际投资收入：美国支付 4720 亿美元给其他国家，从他国获得 5610 亿美元，导致国际投资收入顺差 890 亿美元。

• 单边移转：包括美国政府对外援助、个人寄钱回家乡等项目，美国在这方面有 1300 亿美元逆差。

把这些数字加总起来，美国 2009 年的经常账户余额是 4190 亿美元的逆差。

从 20 世纪 40 年代到 60 年代，经常账户余额通常是顺差，到了 70 年代，通常是逆差。无论上述哪一种，当时的数字都很小，通常小于 GDP 的 1%。但从 80 年代初期开始，美国的贸易逆差扩大，达到 GDP 的 3%，在 80 年代后期和 90 年代初期缩小了一些,在90年代后期和21世纪初又开始扩大。到了21世纪最初10年中期,贸易逆差大约是GDP的4%或5%,对美国这样规模的经济体来说,确实是很大的金额。现在先记住这些信息,稍后我们将探讨贸易逆差为何会出现两波大增。

要了解经常账户余额的类别,你可以这样想:在贸易余额中,顺差代表金钱流入该国,而逆差代表金钱流出该国。当流出金额等于流入金额时,经常账户余额(也就是贸易差额)等于零。

出现贸易逆差时,金钱从该国流出而进入其他国家,美国最近40年几乎都是如此。钱跑到哪儿去了?它们确实没有回头来购买美国的商品和服务,没有付给外国公司的美国投资人,也没有以单边移转的形式汇回。如果发生上述任何一种情况,经常账户就不会出现贸易逆差!

有一个重点要牢记,当美国以美元支付进口商品时,像日本这样的生产者不想要美元,它要的是日元,因为其供货商需要日元来支付在本国生产的工资和采购费用。因此,出口商品到美国并收到美元的日本公司,要在外汇市场上把美元兑换成日元。日本出口商把美元兑换成日元后,这些美元跑到哪儿去了?这些美元最终会投资于美国资产,也许被拿来购买股票、债券或房地产,又或许存进了银行。然后,发行股票或债券的那家公司扩大在美国的营运,或是银行把钱借出并在美国购买、建设或投资,依此类推。金钱流到海外,且不以商品或服务的形式回来，表示它是以金融投资的形式流回美国。

对经济学家来说，贸易逆差真正的意思是，结算下来，一国是从国外借钱，而且有国外的投资流入。同理，贸易顺差真正的意思是，结算下来，一国是借钱给国外，且有对外投资的流出。贸易顺差与贸易逆差谈的不是商品的流向，对大部分经济学家来说，贸易失衡甚至和商品流向无关。贸易顺差与逆差，谈的是金钱的流向，以及向哪边的流动比较大。

国民储蓄与投资恒等式

如何把金钱的流向置入宏观经济的整体脉络？经济学家使用一个称作恒等式（identity）的工具，它在宏观经济的很多情况中都是一个有用的工具。就数学而言，一个恒等式是在定义上恒真的一个陈述。国民储蓄与投资恒等式始于一个基本概念：金融资本的总供给量必须等于金融资本的总需求量。

金融资本供给有两个主要来源：国内资金的储蓄加上国外资金的流入。金融资本需求也有两个主要来源：国内实物资本的投资需求和政府借款。

因此，国民储蓄与投资恒等式告诉我们，美国宏观经济有两大资金来源，且必须等于另外两大资金需求。根据这个观点，贸易逆差是一个额外的资金来源，这笔钱流入美国后，由企业或美国政府借走。

根据定义，金融资本供给量必须等于需求量，所以，这个方程式的一个要素变动，必定会导致其他要素连动。例如，如果美国政府借来更多的钱，资金需求量就会增加。这些额外的钱是从哪里来的？国民储蓄与投资恒等式显示，给政府的额外资金可能有三个来源：可能是美国政府借更多的钱，而国内企业可得到民间投资的资金变少；也可能是美国政府多借钱，而人民增加了储蓄；或是美国政府增加举债，而有更多的资金从其他国家流入。

为了找出这三个变化中哪一个是事实，必须跳出理论，直接看证据。

对美国来说，每年流入资金的结果是美国社会变成其他国家的债务人。例如，2008年年底，美国个人、企业和政府总共拥有19.9万亿美元的外国资产，而外国企业、外国投资人和外国政府总共持有23.3万亿美元的美国资产。换句话说，美国社会拥有的外国资产，比外国拥有的美国资产少了3.4万亿美元。

向国外借钱不一定是坏事。例如，19世纪的美国连年贸易逆差，当时刺激美国经济的铁路和工业，确实是由国际金融资本协助发展的。同样，在20世纪六七十年代，外资的流入刺激韩国经济快速增长，导致了巨额贸易逆差。只要未来有足够的经济增长来偿还贷款，向国外借钱确有其经济意义，但若无足够的增长，向国外借钱的结果可能更糟。20世纪90年代到21世纪初，阿根廷与俄罗斯等国有很大的贸易逆差，主因也是国际资金流入，但最后无法偿还。

未来的偿债能力才是重点

无论国家还是个人，借款后的挑战都是如何运用这笔借来的资金，使其产生充分的效益或回报以偿还贷款。例如助学贷款，基本的经济理由是这个学位在未来有用，能有较高的工资偿还学贷并且获利。一家企业借款建一座厂房，是预期新增产出带来的收益能够偿还借款。如果是借一大笔钱去度假，就不能增加未来的收入以偿还贷款。在我个人看来，21世纪最初10年中期，美国的贸易逆差相当大，其实，资本来源于国内资金会更好，因为增加的投资获利会付给美国社会而非国外。

用宏观经济来思考贸易逆差时，会出现一些有趣甚至出人意料的情况。例如，贸易逆差变得很大，意味着国民储蓄与投资恒等式的某个因素也在改变。可能是美国出现巨额预算赤字，使得贸易逆差流入的金钱被政府借款所吸收；也可能是美国的国内投资激增，并吸引了外国投资；或是私人储蓄率急剧下降，而外国储蓄大量涌入填补了缺口。上述情况都可能发生，至少要有一项发生，才能使国民储蓄与投资恒等式成立。

20世纪80年代，美国首次出现很大的贸易逆差，可能的原因是联邦政府的预算赤字很大。在某些情况下，联邦政府直接向国外借款，或是吸收了可获得的本国资金，使得企业在需要钱时必须转向外国投资人。也就是说，贸易逆差不一定是由预算赤字引起。举例来说，20世纪90年代后期，美国的预算赤字很小，多年都是结算盈余。那时，私人投资蓬勃发展（互联网兴起的年代）且民间储蓄率低，美国经济实际上是以大量流入的外资与贸易逆差资助这波投资热潮。该模式指出解决贸易逆差的问题与协助长期经济增长之间的一些共通性，减少贸易逆差（维持活跃的国内投资）需要较高的国内储蓄，提高经济增长率也需要通过较高的储蓄率让国内投资保持活跃。企图提高经济增长与维持合理贸易逆差的政策是相似的：都应该鼓励国内储蓄。

若贸易逆差本质上属于宏观经济（如果它和国民储蓄率、国民投资率、政府预算赤字等有关），那么你常听到的很多有关贸易逆差的论点都是错的。例如，人们常说："美国之所以出现贸易逆差，是因为他国不公平的贸易惯例，比如封杀美国产品及出口廉价商品充斥美国市场。"根据前面的讨论，这些贸易惯例实际上与美国贸易逆差无关。再次思考美国贸易逆差在过去几十年的模式，若你认为是不公平的贸易惯例引发美国贸易逆差，那你应该知道，对外贸易在20世纪70年代相当公平，然后在80年代中期变得非常不公平，接着在90年代初期和缓了一些，在90年代后期又恶化，21世纪最初10年开始变得更不公平。虽然不公平的贸易惯例确实存在（例如，通过税务和法规，使美国出口的商品在其他国家较难销售），但没有证据显示不公平是因这种法规而引起的。关于限制美国出口商品或销售廉价商品至美国市场的贸易惯例，并不会使贸易逆差产生太大波动。

保护主义行不通

同样道理,保护主义(限制从国外进口商品)也不能解决贸易逆差的问题。若国民储蓄与投资之间有大缺口,将出现贸易失衡。保护主义被大多数经济学家认为是差劲的主意,因为它剥夺了一个国家的国际贸易利益(稍后将详细讨论),但这里的重点是保护主义不可能解决逆差,因为它没有解决宏观经济失衡的根本问题。

贸易逆差并非取决于较高的贸易程度,或是对世界经济有较大的开放性。在世界经济中,出口约占 GDP 的 25%,出口高于 GDP 的 25% 的国家有较大的贸易逆差或顺差?或是出口低于 GDP 的 25% 的国家有较小的贸易逆差或顺差?其实都不是,目前数据并没有显示出这种关系。例如,美国近年来的出口约占 GDP 的 10% 或 12%,而美国有着巨大的贸易逆差。日本有着类似的低出口额,大约占 GDP 的 8%~10%,但它有巨大的贸易顺差。为什么?日本有惊人的高储蓄率,以及较美国稍低的国内投资。贸易差额这笔钱必须流向某处,而它是以贸易顺差的形式流出日本。

近年来,我们经常听到人们说双边贸易逆差(bilateral trade deficit),例如美国对其他国家(中国或日本)的贸易逆差。双边贸易逆差在宏观经济中并不重要。根据经济条件,理论上,美国应该会对某些国家有贸易顺差,而对其他国家有贸易逆差。在经济层面上,我们没有理由对每个国家都争取贸易平衡。

高收入国家通常有贸易顺差,因而会对低收入国家有净投资。但最近数十年来,世界各国对美国社会有净投资。这种情况没有前例可循,而且似乎不可能长期延续。在某个时间点,美国必将偿还这笔钱。世界各国的问题是,它们想要持有多少美国资产?到了一定的时间点,这些国家将不愿意在投资组合中持续增加美国资产,有些事情将会调整。若流入美国的外资变少,则必须降低预算赤字(亦即要加税或降低政府支出),或者要提高国内储蓄率(亦即要节制消费),或者企业要自备扩张资金。这些选择都不吸引人,但如果美国保持目前的高额贸易逆差,这三个选项的其中之一(也许三者)势必将发生。

24 短期看需求，长期看供给

> **总供给与总需求**：对整体经济来说，总供给量必须等于总需求量。

制定经济政策时，同时追求四个不同的宏观经济目标（经济增长、充分就业、物价稳定、国际收支平衡）可能会引起混乱。经济学家和政策制定者必须自问，是否有可能同时达成这四个目标，或者必须在这些目标中做取舍。为此，我们需要一个有组织的架构来思考这个问题。最常见的基本架构，称作总供给与总需求模型（aggregate supply and aggregate demand model）。

总供给是宏观经济中所有产品的总供给，它受到潜在国内生产总值（potential GDP）的限制。而潜在 GDP 的定义是，当所有的资源或人力都被充分运用或就业时，社会所能生产的东西。就潜在 GDP 而言，周期性失业会是零，其余部分可以用自然失业率来解释。潜在 GDP 也称为"充分就业 GDP"，表示工人和机器都被充分运用。

如果社会有能力生产的东西发生变化，总供给就会移动。

总供给移动的两个主要原因是大量企业的技术发展以及生产条件发生剧烈改变。在生产力提升的状态下，潜在 GDP 与总供给会随着时间而逐渐增加。然而，生产条件的其他变化也会降低总供给。典型例子是美国在 20 世纪 70 年代以及之后偶尔也发生的油价急涨：当能源成本增加时，许多产业的生产成本便同步增加，这对于总供给是负面冲击，因为当油价飙高时，社会能够生产的东西就会减少。

供给创造需求？需求创造供给？

你现在可能已经知道了，总需求是指整个社会对各种产品的需求。我们可以把总需求定义为由五个要素构成，那就是 C+I+G+X-M，我们用它们来决定 GDP，也就是消费 + 投资 + 政府支出 + 出口 - 进口。在这些构成要素中，消费通常是 GDP 的最大构成要素，投资是变动最大的，政府支出也许是最直接的政策目标工具。出口与进口，则会受到其他国家经济状况的严重影响。

对整体经济来说，总供给量必须等于总需求量，但关于这些因素如何互动，各家有不同的观点。其中一个理论认为总供给驱动总需求，另一派则认为恰好相反。

萨伊定律（Say's Law）是以 19 世纪初期法国经济学家让 - 巴蒂斯特·萨伊（Jean-Baptiste Say）的名字来命名的，主张"供给创造其自身的需求"（supply creates its own demand）。这句话过度简化了萨伊的观点，但也算易读易懂。该理论指出，每当商品或服务生产和销售时，表示某人赚到了钱，无论他是生产商品的厂商，还是生产链上的供货商。基于这个理由，宏观经济意义上的供应价值，必定在社会某处创造了等值的收入及需求。支持萨伊定律的现代经济学家，称为新古典学派经济学家。

萨伊定律及新古典学派经济学面临的主要挑战是经济衰退。在经济衰退时，失败的企业远多于成功的企业，假如供给能创造其自身的需求，很难解释为什么会有经济紧缩。毕竟，假如总供给总是能创造充分的总需求，为什么还会发生经济衰退呢？平心而论，萨伊当时已充分意识到了这个问题，因此，他并不完全相信这个以他名字命名的法则。

相对于萨伊定律，另一个理论是凯恩斯法则（Keynes's Law），它是以20世纪英国经济学家约翰·梅纳德·凯恩斯（John Maynard Keynes）的名字命名的，主张"需求创造其自身的供给"（demand creates its own supply）。这句话也是这位经济学家观点的一个粗略但有用的简化版。凯恩斯在经济大萧条时期撰写了《就业、利息和货币通论》一书，他指出，在大萧条时期，供给商品与服务的产能并没有多大改变。1933—1935年，美国的失业率超过20%，但合格的劳工数量没有明显减少。工厂倒闭了，但机器、设备和产能并没有消失。20世纪20年代发明的技术，在30年代不会凭空消失。因此，凯恩斯认为，经济大萧条以及很多一般性的经济衰退，不是由潜在供给（例如劳动力、实物资本和技术）下降引起的。相反，经济衰退是因为整个社会缺乏需求，以致厂商没有足够的动力生产。因此，凯恩斯认为，更大的总需求才能让社会摆脱经济衰退。

凯恩斯法则的主要挑战是什么？假如总需求是宏观经济面的关键，那么政府可以通过大量增加支出或大幅减税来促进消费，以刺激总需求，让经济尽可能增长。但社会在任何时间点能生产的商品数量确实面临限制，这取决于劳动力数量、实物资本、可获取的技术，以及结合这些生产因素的市场结构与经济制度，而这些限制也不会仅因为政府想增加总需求而消失。

短期看需求，长期看供给

在看重总供给的萨伊定律和看重总需求的凯恩斯法则之间，有一个看似可行的、务实的折中方案：凯恩斯理论强调总需求的重要性，它和短期政策更有关联；而新古典经济理论强调总供给的重要性，对长期经济更重要。这大概是当代经济学家的主流观点。

长期来看，经济规模的大小取决于总供给，也就是工人数量、工人的技能和教育程度、实物资本投资程度、主要生产技术，以及上述因素互动时的市场环境。

就短期而言，总需求可能会改变。举例来说，企业对经济前景悲观或不确定时，会延后一些投资计划。等经济好转时，企业就会回头着手被延迟的计划。此外，投资模式的上下波动与该国的金融体系有关。例如，在经济大萧条时期，很多企业和家庭无法偿还贷款，导致银行破产。事实上，1929年的24,000家美国银行中，到了1933年，只剩下约14,400家仍在运营。当这么多家银行倒闭时，可提供给企业和家庭的贷款机会也会减少，因而使总需求急剧下降。2007—2009年的经济衰退也是由金融危机引发的，房价泡沫破灭导致破产、濒临破产以及金融恐慌的浪潮。

如果整个社会的工资呈现刚性，工资的调整不足以应对经济的变化，那么总需求的短期下降也会导致失业。当产品需求减少（亦即出现经济衰退）时，企业不会立刻削减工人的薪资。它们更有可能停止雇用人手，或是遣散某些员工，这会导致失业，并使得总需求无法配合总供给的缓慢、长期增长。

有些经济学家已接受工资刚性理论，并把它延伸到价格。例如，很多公司每年印制一次或两次产品目录，价格不会随着市场每日波动，因此价格是刚性的。调整价格是一个复杂的过程，企业在采取任何措施前，都需要分析市场需求、竞争态势与生产成本。企业也想避免因价格不断变动而困扰或激怒客户。换句话说，价格变动会产生成本，经济学家称之为菜单成本（menu cost），所以必须小心规划。价格的确会反映需求和供给的力量，但根据宏观经济的观点，改变整个社会所有商品价格的过程（无论是向上还是向下）需要时间。如果某些市场的价格没有快速调整，就可能会出现生产过剩（商品堆积在货架上）或生产短缺（至少短期内商品会销售一空）的情况。

总需求对短期经济是比较重要的，而总供给对长期经济比较重要，这个概念留给我们一个问题：如何连接这两种观点？尽管经过多方尝试，但至今仍没有找到一个衔接萨伊定律与凯恩斯理论缺口的模式，足以在经济学界取得主导地位。

根据四个宏观经济目标，上面谈到的这些事情意味着什么？理论上，在尽善尽美的宏观经济中，总供给会随着生产力而稳定增长，而总需求会因为总供给产生收入而出现。总供给与总需求会亦步亦趋地前进，使得经济总是维持在潜在GDP的水平，此时的通胀率和失业率维持在低位。但是，在现实世界里，经济增长不是理所当然的，总供给与总需求也不会彼此协调。因此，经济增长有快也有慢，还有衰退、失业、通胀以及贸易失衡等种种状况。正因如此，宏观经济学在政策实施上极具挑战性。

25 菲利普斯曲线是一种短期现象

> **失业与通胀之间的取舍**：失业率与通胀率，从长期来看没有任何的取舍关系。

低失业率与低通胀率——这两个宏观经济目标之间的取舍关系相当令人困惑，细心的读者可能已经注意到其中的危险。当总需求低于潜在 GDP 时，经济很可能衰退且劳工失业，但至少不会遭遇通胀。另一方面，当总需求开始增加，超出潜在 GDP 时，经济很可能处于低失业但高通胀的状态。当然，也有完美的妥协情况，我们称之为金发女孩经济（Goldilocks Economy）：不过热、不过冷、刚刚好的状态，即潜在 GDP 的总需求恰好与总供给相匹配。

菲利普斯曲线之争

金发女孩经济偶尔会出现，例如 20 世纪 60 年代与 90 年代的大部分时间就是如此。考虑到现实世界中经济的复杂性，我们预期会经历高失业低通胀的时期，也会经历低失业高通胀的时期。这样的取舍关系是宏观经济政策的主要问题之一，称作菲利普斯曲线（Phillips Curve），是以经济学家威廉·菲利普斯

（William Phillips）的名字命名的。他率先对这种取舍关系提出了系统性的证据。20世纪50年代，菲利普斯研究了英国60年来失业率与工资率的变动百分比（可视为通胀的衡量方法）的数据。他发现，这两个变量之间的特殊关系可以用数学方式描绘成一条曲线，坐标图的横轴是失业率，纵轴是通胀率，曲线本身从左上向右下倾斜。换句话说，这条曲线显示，经济倾向于从高通胀低失业移动到低通胀高失业，并且往返移动。

菲利普斯的数据显示了通胀率与失业率之间的取舍关系，它背后的经济逻辑是什么？总供给与总需求模型可以提供答案。原本经济处于潜在GDP水平，但后来总需求增加，导致过多的金钱和过多的需求追逐多于社会产量的商品。此时，周期性失业率可能接近零，总体失业率可能处于低位。然而，由于有这些需求，工资很可能因失业率低而被推高。在商品市场，会有太多的金钱追逐过少的商品。因此，在充分就业的情况下，更有可能引发工资通胀（wage inflation）与物价通胀。

反过来，当经济情况低于潜在GDP，处于衰退状态时，表示有失业劳工，而且有未充分就业的资源。当社会有大量失业者时，工人互争工作，工资维持在低位。在商品市场，太少的金钱追逐过多的商品，很可能造成生产过剩。在这种情况下，几乎不可能有任何通货膨胀。

菲利普斯采用英国资料的研究成果发表后，美国经济学家立即开始研究美国是否有同样的现象。用美国20世纪五六十

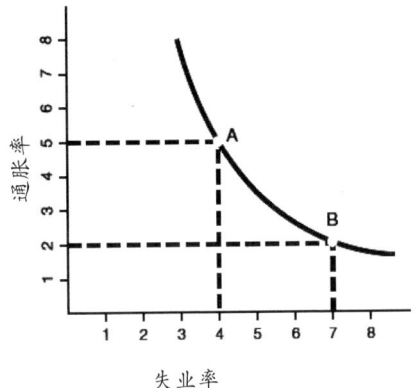

菲利普斯曲线反映通胀率与失业率之间的取舍关系

年代的失业率和通胀率的历年数据制图，可以得出一条完美的菲利普斯曲线（你的数据似乎支持某个经济理论，这种感觉总是美好的）。但太好的东西总是难以持久，1968年，著名经济学家米尔顿·弗里德曼[1]（Milton Friedman）预测，菲利普斯曲线在长期不会成立，他在很多方面做了深入周到的论证。就本章的目的，我们可以把弗里德曼的思想重点归纳为：长期而言，经济总会回复到潜在GDP及自然失业率状态。弗里德曼有力地论证了失业率与通胀率从长期来看没有任何的取舍关系，只会有自然失业率，而唯一的问题是通胀率是高还是低。我们值得花一点时间思考弗里德曼提出主张的聪明与大胆，他

---

[1] 米尔顿·弗里德曼（1912—2006）：美国自由派经济学家，毕生主张"减少政府干预"与"个人自由"，1976年获诺贝尔经济学奖，堪称20世纪最具影响力的经济学家之一。

跳出当时的既有证据和主流专业共识，结果证明他是对的。

过了没几年，曾经在20世纪五六十年代盛行的失业率和通胀率之间的关系，在70年代突然失效。记住，菲利普斯曲线预测的是通胀率与失业率之间的取舍关系。70年代，通胀与失业同时走高，当时是滞胀的年代，通胀率和失业率都几乎达到两位数。80年代，两者同步下降。在90年代，两者都低于80年代中期的水平。通胀与失业不但没有取舍关系，反而像是往同一个方向移动。

凯恩斯派与新古典经济学派之争

这是怎么回事？我们要如何解释菲利普斯曲线能吻合20世纪50年代与60年代美国失业率与通胀率的数据，但后来突然与70年代、80年代及90年代的资料不一致？看来最合理的解释是，菲利普斯曲线是一种短期现象，它可以持续一个或数个经济周期，但是长期来看，经济周期与周期性失业起起伏伏，只有根本的自然失业率持续存在，而伴随着自然失业率的是变动的通胀率。历史模式显示，近代美国的自然失业率约为5%~6%。失业率在过去40年一再回到这个水平，尽管通胀率异常波动，其间从2.5%一路上升到11%。因此，在几年内，确实有菲利普斯曲线反映通胀与失业之间的取舍关系，但在几十年内，经济持续调整重回自然失业率。长期而言，较高的通胀率对经济没什么好处。

我们所强调的短期与长期差异,反映了宏观经济学家之间的分歧。支持凯恩斯法则(需求创造其自身的供给)的经济学家,倾向于更注重短期几年内的经济周期;而支持萨伊定律(供给创造其自身的需求)的经济学家,更倾向于注重长期。

凯恩斯派经济学家强调,宏观经济有时无法调和总需求与总供给,供给大致稳定成长,但需求的波动较多,这是因为总需求的构成要素(例如投资与消费)会受限于各种非理性的压力。凯恩斯认为,投资会受到"动物本能"(animal spirits,是指没有经过盘算就贸然出手的冲动)的影响,再加上反复无常的消费者情绪、工资刚性与价格刚性,会导致生产过剩和失业。根据凯恩斯派的观点,经济在衰退初期或接近尾声时都不稳定。

此外,凯恩斯派关心的是,宏观经济可能会有很长的时间被困在潜在GDP下方,即使政府没有介入,经济在长期也会慢慢恢复到充分就业状态。但如同凯恩斯的名言——"长期而言,我们都已死去",等待长期的结果要付出很大的成本,如果经济需要花时间重新调整,这对人们的生命与职业生涯来说都是很长的时间。因此,凯恩斯派经济学家倾向于支持政府积极的宏观经济政策,尽可能对抗失业、刺激经济以及缩短衰退与萧条的时间。

另一方面,新古典学派经济学家信奉萨伊定律(供给创造需求),往往强调经济会随着时间调整到潜在GDP的状态。在不考虑经济大萧条的情况下，他们相信当代的宏观经济是相当稳定的。过去几十年的数据显示，经济总会恢复到潜在GDP水平，此时的自然失业率为5%~6%。新古典经济学家承认经济大萧条和2007—2009年的大衰退一样，都是可怕的事件，但他们也相信，如果政府积极干预宏观经济政策，结果可能好坏参半，甚至造成更大的经济不稳定。新古典经济学家偏好宏观经济政策有清楚的实施准则，事先详细说明，这么做可限制政府的裁量权，也便于市场机制把各项规则纳入考虑。

当然，凯恩斯派经济学家与新古典派经济学家不是对每件事都意见不合。平心而论，凯恩斯派较倾向强调政府能如何帮助失业者，例如协助其找工作、再培训，或是暂时支持失业保险与健康保险等计划。相反，新古典经济学派可能主张弃用或重新拟定会妨碍企业增加雇用劳工、限制企业营业时间，以及其他可能阻碍厂商扩大经营的规定。

凯恩斯派与新古典经济学派都认为他们的主张能改善长期经济增长。新古典派经济学家强调经济政策的稳定性与可预测性，伴随着低通胀率，如何创造一个经济环境，让企业可以聚焦于创新和投资。记住，20世纪70年代初期生产力增长趋缓的时期，也是70年代高通胀的时期。除非通胀率在短时间内变低，否则生产力增长不会恢复。凯恩斯派则强调，经济衰退期往往是失业率高且实物资本投资低的时期。经济衰退不仅代表短期的经济损失，无法获取经验的工人、不能增加实物资本投资的企业，也将在长期经济增长中落后于人。

1987年的诺贝尔经济学奖得主罗伯特·索洛，针对长期增长与短期衰退对抗的议题，描述了宏观经济学家的双重做法：

从短期观点而言，我认为凯恩斯派的主张是好东西，确实比新古典经济学派的任何论点都好。从非常长期的观点而言，最适合用新古典主义的架构来研究，不必分心去注意凯恩斯派的主张。而从5～10年的观点而言，我们必须尽可能整合，找出一个可行的混合模型。

经济学界目前持续探索介于凯恩斯与新古典之间的"混合模型"。因此，我们应该记住的是，宏观经济政策应兼顾短期经济波动与长期经济增长。

26 政府的钱是怎么花的？

> 财政政策和预算赤字：财政政策是用来概括政府的租税与支出政策的一个专有名词。

尽管现实世界的经济有短期波动与长期发展，宏观经济政策仍试图将经济导上正轨，达成四个主要的总体经济目标：经济增长、充分就业、物价稳定以及国际收支平衡。本章的讨论重点将转到宏观经济政策的主要工具上。本章和后面两章将探讨财政政策，也就是政府的租税与支出政策如何影响宏观经济。随后的章节将转向货币政策，也就是中央银行如何影响国家的利率和贷款金额。

要了解财政政策的潜在力量，首先要知道政府预算有多庞大。以美国为例，最近几十年，联邦政府的支出占美国 GDP 的 20%，而美国的 GDP 约占全球 GDP 的 1/4。因此，美国政府的年度预算是全球 GDP 的 5%。政府的支出占该国 GDP 的 1/3、1/2 甚至更高比例，在全世界都很普遍。因此，政府的庞大支出是值得关注的。

财政政策（fiscal policy），是经济学家用来概括政府的租税与支出政策的专有名词。虽然政府预算每年略有不同，但有些长期模式是可判读的。

钱花到哪里去了？

从支出面来看，美国联邦政府年度支出的主要类别是国防、养老、医疗（尤其是医疗照顾与医疗补助）以及借款利息，这些项目约占总支出的 2/3。以 2009 年为例，联邦政府支出的 18.8% 是国防支出，19.4% 是养老支出，21.7% 是医疗支出，5.3% 是利息支出，剩下大约 35% 涵盖预算里的其他项目。"其他项目"则包括农业、济贫计划、联邦政府员工退休福利、国际支出、太空科学、能源、自然资源、商业、住宅、社区发展、运输、教育培训、退伍军人福利、执法、政府运作费用（例如薪水与计算机）。

国防支出占美国 GDP 的比重略降，从 20 世纪 50 年代的 10% 下降到 60 年代的 7% 以及 70 年代的 5%。到了 80 年代中期，比重微升，约占 GDP 的 6.5%，在 80 年代后期与 90 年代稳定下降，2000 年达到 GDP 的 3%。然而，在 21 世纪最初 10 年，国防支出占 GDP 的比重回升到 5%，社保退休金和医保支出占 GDP 的比重也逐年稳定增加。

在关于美国联邦政府支出的激辩中，某些项目的金额在联邦政府看来是小事。例如赞助国家艺术基金会，该机构的预算约为 1.6 亿美元，相较于 2009 年联邦政府总预算 3.5 万亿美元，这笔钱微不足道。很多人认为对外援助是政府支出中的一笔巨款，但它实际上还不到联邦政府预算的1%。相反，国防支出相当庞大，从"9·11"恐怖袭击事件以来一直在增长。联邦政府预算里最大的一部分是针对老年人的，包括社保退休金、医保与联邦政府员工退休福利，几乎占预算的一半。这种分布形态，有助于我们了解为什么联邦政府预算很难削减。削减国防支出、社保退休金及医保都是不得人心的选择，但它们是大宗预算，而其他项目都不够大，就算削减也不足以产生很大差异。

美国整体的联邦政府支出历年来呈什么趋势？首先，联邦政府支出占GDP的比重几十年来没有任何增加。回溯到20世纪60年代初期，联邦政府支出介于GDP的19%~22%之间，比80年代里根总统扩充军备时期的比重还高一些。90年代初期，政府支出约占GDP的21%~22%。在克林顿总统任内，比重稍微下降，2000年小布什入主白宫时，处于正常范围的低点。在小布什的第一届总统任期结束后，联邦政府支出回到长期范围（19%~22%）的中间地带。在2007—2009年的经济衰退期间，联邦政府支出的上涨超出历史范围，在2009年与2010年约占GDP的25%。但这两年的高支出是在特殊的经济情况下发生的，并未造成一种长期趋势（至少目前没有迹象）。

总之，很多人认为美国联邦政府支出数十年来不断失控飙涨，其实这不是事实。从占GDP的比重来看，美国联邦政府的支出在过去50年来差不多是一样的。

至于租税方面,联邦政府税收的主要类别是个人所得税、企业所得税、薪资税(用于社保退休金与医保)、消费税(来自汽油和烟酒),这些项目占总税收的95%。以2009年为例,联邦政府税收有43.5%是来自个人所得税,6.6%是企业所得税,42.3%是用于社保退休金与医保的薪资税,3%是消费税,1%是遗产税与赠与税,剩下的则由较小的税目组成,例如关税与杂费。

个人所得税是美国政府税收的最大部分,但仍不到总收入的一半。用于社保退休金与医保的薪资税,几乎和个人所得税一样大。事实上,由于高收入者支付的个人所得税较多,而每个有工作的人都要支付社保退休金与医保的税,所以,有超过一半的美国家庭在薪资税上的支出超过他们在所得税上的支出。

再来看看政治上有争议的某些税,例如遗产税,它占美国联邦政府税收的比重并不高。削减遗产税是不是个好主意见仁见智,但都不致大幅改变整体的预算情况。就像联邦政府支出一样,美国联邦政府税收占GDP的比重在过去几十年也没有任何上升的趋势。从1960年开始,联邦政府税收通常占GDP的17%~19%。这个比重在60年代略为降低,然后在70年代、80年代与90年代初期都相当稳定。90年代后期到2000年,联邦政府税收悄悄爬升到GDP的20.9%,这是1944

年以来的最高水平。从历史资料来看,当时的联邦政府税收比重非常高,因此,在2000年总统大选时,小布什与戈尔都主张减税,并不让人感到意外。到了2006年与2007年,联邦政府税收占GDP的比重比18%高一点,相当接近历史平均值。2007—2009年的经济衰退使税收减少,2009年与2010年跌到15%左右。

在我们把支出面与税收面放在一起看之前,先澄清两个问题。首先,论者主张把社保退休金从联邦政府预算中抽离,毕竟它是用信托基金与个别的税收来经营的,但这不会改变社保退休金涉及法律强制课税以及国会决定支出的事实。你不能只是把这笔大约7000亿美元的税花掉,然后说:"这笔钱不是在我左边的口袋,而是在我右边的口袋,所以它对其他事情没有影响。"社保退休金与医保必须纳入联邦政府实际上所做的事情中。

其次,我们要花一点时间来探讨各州与各地的预算问题。如果把州政府与地方政府的预算合起来,大约占GDP的13%～14%,而联邦政府支出占GDP的20%。美国联邦政府、州政府与地方政府加起来的总支出占GDP的1/3左右。然而,州政府和地方政府支出的优先次序,与联邦政府支出是不一样的,尤其是在教育、刑事司法与基础建设方面。例如,州政府与地方政府的教育支出明显大于联邦政府的国防预算,也明显大于社保退休金的支出。我们将不考虑地方政府预算,因为地方缺乏宏观经济政策的执行力。联邦政府有能力管理预算赤字，相反，州政府与地方政府则根据预算平衡的原则运作。

政府预算中，每年的税收并不需要与支出完全一致。如果政府的支出超过它的税收，就会有赤字；若政府的税收超过它的支出，就会有盈余。看看过去半个世纪的赤字与盈余模式，20世纪60年代，美国政府大部分时间都在管理小规模的预算赤字，通常是GDP的1%以下。1969年是个例外，当年出现了盈余。70年代，联邦政府每年都有预算赤字，约占GDP的3%~4%。80年代，每年也都有预算赤字，在中期有几年超过GDP的5%。90年代中期，赤字突然锐减，令人震惊的是（至少对我来说），1998—2001年联邦政府出现了预算盈余。2002年，赤字再次出现，在21世纪最初10年中期通常是GDP的2%~3%，大致上与20世纪70年代的规模相同。2007—2009年经济衰退后，如同先前提到的，政府支出激增且税收下降。预算赤字暴增至历史高点，在2009年与2010年是GDP的10%。

当政府的支出超过税收时，要去哪里筹钱？答案是发行债券。你可能还记得，债券是一种金融工具，它有某个面额以及在特定时期内承诺支付的利率。假设预算赤字是5000亿美元，联邦政府就会发行5000亿美元的债券来填补缺口，然后再偿还。

政府预算如何影响宏观经济政策？

政府的税收和支出计划都要考虑如何设计，运用合理的成本达到政策的预期目标。在这里，我们不打算讨论个别政策，而是要探讨政府税收与支出的宏观经济学。我们特别想探讨的是政府预算如何影响宏观经济政策的四个主要目标。

第一个宏观经济目标是经济增长，它受到实物资本、人力资本、技术等长期投资因素的影响。政府借款与储蓄会与实物资本投资相关，它是国民储蓄与投资恒等式的一部分。这个恒等式说明，对整体经济而言，国内储蓄与外资流入（美国经常账户赤字的对立面）的资金供给量，必须等于实物资本投资与美国政府预算赤字融资的资金需求量。如果政府借了很多钱，就可能会减少私人投资可取得的资金，也可能会使政府和整体经济更依赖外资流入，因而扩大贸易逆差。另一方面，各个层级的政府的主要政策是建立人力资本，毕竟政府得提供教育以及新技术的研发资金。美国社会如果有更多的私人储蓄（这会使政府借款变少），就会对有长期回报的事情增加支出，这有助于长期经济增长。

第二个目标是：财政政策如何解决失业问题（无论是周期性失业还是自然失业）？应重新设计特定的、会影响雇用的税负以及帮助失业民众的支出计划，以降低自然失业率。另一方面，周期性失业与经济衰退有关，适当的财政政策可以增加政府支出或减少税收，以提升总需求，至少抑制周期性失业造成的失业增加。

至于第三个目标——如何降低通胀？记住，通胀是由过多的金钱追逐太少的商品导致的，此时总需求已经高于潜在GDP，因此整个消费价格都上升了。此时，财政政策可以通过减少支出或增加税收来降低总需求，这两种手段都会把钱抽出来，以避免通胀。

第四个目标是国际收支平衡。财政政策怎么会影响贸易余额呢？如前所述，因为政府借款与储蓄是国民储蓄与投资恒等式的一部分。事实上，政府借款是美国社会最大的资金需求之一。当政府资金需求量很高时（例如每年占GDP的3%或4%），会吸引外国投资。因此，高额的政府借款是和大规模贸易逆差有关的。无论是增加民间投资还是减少政府借贷，只要提高国民储蓄，就能让整个社会不那么依赖外资。

以上大致描述了财政政策的工具。就像你已经知道的，经济的短期目标和长期目标并非总是一致的，因此，在下面两章，我们将探讨这些工具的实际运作，先探讨短期，再探讨长期。

27 权衡性财政政策,知易行难

> 反经济周期的财政政策:租税是自动的、反经济周期的财政政策。

你可能已经注意到了,探讨宏观经济问题有两种时间范围:凯恩斯学派属于短期架构,而新古典学派则属于长期架构。本章将着重讨论短期、几年内的财政政策,通常是指从一次经济衰退结束到下一次经济衰退开始。

我们先来复习一下,总需求 =C+I+G+X-M,也就是消费 + 投资 + 政府支出 + 出口 - 进口。在这个方程式中,有三个因素特别容易受到财政政策的影响,其中最明显的是政府支出,消费和投资也会受到租税政策的显著影响。减税可以刺激消费与投资,增税则会减弱它们。因此,财政政策有能力使总需求移动。

使社会的总需求增加或购买力提高的政策,称作"扩张性"(expansionary)宏观经济政策,或称作"宽松"(loose)的财政政策。扩张性政策包括减税与增加支出,两者都会使更多的钱流入社会。反之,用来降低总需求的政策,称作"收缩性"（contractionary）政策或"紧缩"（tight）的财政政策。增税或减少支出的政策属于收缩性财政政策，会降低社会的购买力。这种财政政策的基本目的是平衡经济衰退和扩张。

两种财政政策：自发性或权衡性

是否该调节支出或税收来影响需求，这个决策取决于当下的特定条件以及政治优先次序。重点在于提高总需求，使经济往某个方向移动。凯恩斯在《就业、利息和货币通论》一书中反复思考一个论点，他说政府可以"在旧瓶子里塞满钞票，将其埋进废弃的煤矿坑中，再用城里的垃圾掩盖填平，通过屡试不爽的自由放任原则，把它们留给私人企业再次挖掘出来"。他以盖房子为例，说明通过提供实际利益的方式来刺激经济是更明智的，只要你的目标是提高总需求，至于要怎么做，从宏观经济的观点而言，是次要的。

如果不是要对抗失业，而是要对抗通胀，就需要一个紧缩的财政政策来降低总需求。政府可以降低支出或提高税收，而经济理论并没有指出这两者的哪种选择或哪种组合在特定或一般情况下是最好的。我们稍后将回来讨论税收与支出这两个工具之间的选择。

反经济周期的财政政策可以用两种方式实施：自发性或权衡性。自发性稳定机制是指政府的财政政策在不需要动用法律的情况下，当经济衰退时自动刺激总需求，当经济扩张时自动抑制总需求。

为了理解这是如何自动发生的，我们先想象一下经济快速增长的情况。总需求很高，即将高于潜在 GDP，此时我们担心的是通货膨胀。此时，适当的反经济周期财政政策会是什么？其中一个选择是增加税收，把一部分购买力从社会中抽离出来。在某种程度上，这件事会自动发生，因为税金占居民收入的一定比例。当收入提高时，税收会跟着自动提高。因为个人所得税是累进税制，人们每多赚一美元，所需缴纳的税金就会提高一点。当然，同样的过程反过来也有同样的效果。经济收缩时，人们应纳的税金会自动下降。这有助于避免总需求减少得太严重。因此，租税是自动的、反经济周期的财政政策，或者说它是一种自发性稳定机制。

在支出面，当经济增长时，该实施哪种反经济周期政策，实际上又会发生什么事？当经济扩张，接近潜在 GDP 时，反经济周期的财政政策目标是防止需求增长过快而导致通货膨胀。但是，当经济很好时，人们不太需要政府的援助计划，例如社会福利、医疗补助保险与失业给付。因此，当经济好时，这类政府支出会自动减少，从而发挥了自发性稳定机制。反之亦然，当经济不佳或衰退时，会有更多的人失业且需要政府救助。政府帮助失业者和穷人的项目支出会增加，使得总需求提高（或至少使它不会缩水太多），这恰好是我们想要的反经济周期的财政政策。

近年来的经济情势在这方面提供了几个例子。20世纪90年代后期网络经济蓬勃发展时，联邦政府税收出人意料地激增。克林顿总统提出的1998年度财政预算预测会有1200亿美元赤字，但当年的税收比预期多出2000亿美元，结果产生了690亿美元的预算盈余。同样，克林顿提出的1999年度预算预测2000年是预算平衡，结果盈余2360亿美元。1998—2001年的持续盈余，使得联邦政府税收增加。2000年的联邦政府税收占GDP的20.9%。这些出人意料的高税收并非新法规的结果，而是自发性稳定机制使然，它有助于预防经济扩张太快而引发通胀。

再来看相反的例子，2009年与2010年出现了非常大的预算赤字。小布什总统最后一次提出的预算是在2009财政年度实施的，当时预测2009年的税收占GDP的18%。但是，经济衰退浪潮席卷而来，导致该年的实际税收只占GDP的14.8%。部分原因是2009年奥巴马总统上任后通过了减税案，但主因是经济衰退的恶劣程度超乎预期。当年税收的意外减少也是一种自发性稳定机制，有助于缓和经济衰退的冲击。

拉长时间来看，系统性研究说明了历年来反经济周期财政政策的影响。约翰·泰勒研究了20世纪60年代到2000年的资料，他发现，一般而言，GDP减少2%，会导致财政政策的自动补偿机制将GDP拉回1%。

考虑自发性稳定机制以及税收与支出如何自动抵消经济的

消长,就会出现一个争议:国会应该更进一步采取措施吗?国会与总统应该另外制定权衡性反经济周期的财政政策,在自发性财政政策之外,试图更加稳定经济吗?回溯到20世纪60年代甚至70年代,为数众多的经济学家偏好使用权衡性政策。80年代与90年代,主流观点向另一方摆动,转而怀疑这种权衡性政策是否有用或有效。然而,在2007~2009年的经济大衰退时期,权衡性财政刺激方案再次出现了。

权衡性财政政策的难题

为什么许多经济学家都怀疑权衡性财政政策?首先,它有时机的问题。自发性稳定机制内建于支出计划与税制中,因此它在经济衰退或复苏出现时可以实时反应。相反,权衡性财政政策要到问题发生时才制定,到那时可能已经来不及了。国会要等到经济衰退或通胀出现时才会着手处理,加上起草、辩论、修正、再辩论、再修正,以及最后政府预算表决(一年只有一次)的时间,政府将财政政策付诸实施至少要一年,到那时经济问题可能又有所变化。举例来说,奥巴马政府的振兴方案在2009年2月通过法案,根据国家经济研究局对经济衰退起讫时间的研究,经济衰退会在2009年6月结束。无论奥巴马振兴方案的优缺点为何,它实施的时间根本不够长,因此不足以成为终结经济衰退的主要因素。

权衡性财政政策的第二个困难是,它会引起不受欢迎的副作用。设想政府实施宽松财政政策以试图振兴经济的情况，政府可能会因减税与增加支出而提高预算赤字。但预算赤字高也表示政府可能会吸走很多钱，而这些钱原本可用于国内投资。另一方面，政府创造出的额外需求，可能会被引导到购买进口产品而非国产产品，改善了他国经济而非本国经济，还导致了更大的贸易逆差。

权衡性财政政策的第三个困难，在于政治的本质。自从经济大萧条和凯恩斯的著作问世以来，很多经济政策制定者都要求政府制定反经济周期的财政政策，亦即在经济差时花钱，在经济好时节俭。但政治上很难这么做，为什么？想象经济飞快增长的情况，税金像洪水般涌入，经济学家说："不要花掉这些钱！要累积非常大的盈余，削减支出并提高税收。"这是一个很好的反经济周期政策，但它在政治上不容易获得认同。当经济萎缩且资金吃紧时，经济学家说："这是大肆挥霍的良机，我们知道收不到税金了，管它呢，花吧！"但很多公民和政治人物会说，如果人们都在不景气时勒紧裤带过日子，那么政府也应该这么做。在经济好时节制政府支出，经济差时扩大支出，这种敏锐的洞察力不是一般政治人物能有的智慧。

第四个顾虑（适用于权衡性与自发性反经济周期政策）是，这些措施有点像得了重感冒服用阿司匹林：它麻痹人的神经，让人觉得舒服些，但它其实并没有直接治疗潜在的感染。

20世纪70年代，美国经济因油价大涨而停滞不前；90年代后期，网络热潮过后，美国经济受到重击；2007—2009年经济衰退，房价泡沫破灭，美国经济受到金融危机的打击。宏观经济的财政政策并不能解决下列问题：如何使美国经济不易受油价冲击，或如何应对科技股或房地产的价格泡沫，如何设计不易受危机影响的金融体系。虽然财政政策或多或少可减轻经济衰退的痛苦，但经济衰退的根本问题仍然需要通过民间市场与政府部门来解决与克服。

最后要提醒的是，刚才的讨论并没有涉及由中央银行实施的货币政策。我们稍后会详细探讨，目前我只是说中央银行决定升息或降息，提供了短期管理总需求的替代方案。降息有助于刺激总需求，升息则会抑制总需求。此外，中央银行通常会比国会的反应更快，相较于迂回冗长的预算过程，调整利率几乎可以立即执行。因此，有些经济学家认为，中央银行与自发性财政稳定机制已足以解决大部分的短期问题，而权衡性财政政策应该留给特殊或长期情况使用。

到底是要通过租税面还是支出面来实施财政政策，这个问题通常要看党派立场。保守派通常倾向于采取减税的扩张性财政政策，以及削减支出的收缩性财政政策。自由派则偏好采取增加政府支出的扩张性财政政策，以及增税的收缩性财政政策。反经济周期财政政策的理论，在这场争论中并不偏袒任何一方。因此，当经济学家对如何实施宏观经济政策意见不一致时，其实大部分原因是党派立场不同。研究经济学的目的是帮你厘清政治抉择的范围，并在抉择中做取舍，而政治抉择这件事本身仍得由你来判断。

28 美国累积负债的长期前景很糟糕

> **预算赤字与国民储蓄**：短期的预算赤字，在经济衰退期间不是一件坏事。

如同先前讨论的，2009年与2010年美国政府的预算赤字非常庞大，大约是GDP的10%。其实，预算赤字只有几年是偏高的，然后整体规模显著缩小（甚至转为预算盈余），相较于预算赤字在十年或更长的时间持续处于高位，两者会带来截然不同的问题。本章采取长期的财政政策观点，探讨预算赤字持续维持在高位将会怎样影响一国经济。

别忘了政府借款是国民整体储蓄的一部分。在美国，联邦政府是投资基金的两大需求者之一，另一个是私人企业，想借钱来做实物资本投资。金融资本的两大供给者是私人储蓄和外资流入。因此，如果政府预算赤字增加，以下三件事的某些组合必定会发生：私人储蓄增加，私人投资下降或外资流入增加。

首先，我们来看预算赤字增加引起私人储蓄增加的可能性。有一个经济理论可以解释私人储蓄会随着政府预算赤字的增加而增加这件事，称为"李嘉图等价定理"（Ricardian Equivalence），它是以19世纪经济学家大卫·李嘉图[1]（David Ricardo）的名字命名的。李嘉图等价定理认为，当人们注意到政府预算赤字偏高时，便预期在未来某个时间点会增税，因此必须增加储蓄。以此理论模型推导，个人储蓄增加可能是为了提供资金作为政府借款，但这件事有什么证据？

预算赤字与私人投资跷跷板

世界银行（World Bank）经济学家的研究显示，李嘉图等价定理在某些时间和地方是成立的。他们估计，全世界增加的政府借款，大约有一半被更多的私人储蓄所弥补。但世界银行的研究也显示，这个理论在美国并不成立。举例来说，美国经济在20世纪80年代中期与21世纪最初10年中期的预算赤字都偏高，但都未见私人储蓄增加来弥补。20世纪90年代，私人储蓄的确随着预算赤字的下降而减少，但其实私人储蓄从80年代以来就逐年减少，因此似乎和赤字无关。如同俗话所说，即使是坏掉的钟，一天也有两次时间是准确的。每个理论都会偶尔正确，但不表示以后都有效，李嘉图等价定理并不能合理

---

[1] 大卫·李嘉图（1772—1823）：英国古典经济学理论的集大成者，被认为是最有影响力的古典经济学家，也是成功的商人、金融家和投机家，并积累了大量财富。在1817年发表的《政治经济学及赋税原理》一书中，李嘉图提出了"比较优势"理论。

解释美国经济状况。

应对预算赤字增加的另外两种方式,就是减少私人的实物资本投资或扩大贸易失衡。

经济理论的"挤出效应"(crowding out)认为,如果政府借越来越多的钱来管理它的赤字,就会减少民间企业可取得的用于投资的资金。因此,政府借款增加意味着私人投资减少。相反,政府借款减少就表示企业可取得更多资金用于投资。

实际上,美国经济符合这个模式吗?私人投资向来大约占美国GDP的14%～17%。当预算赤字在20世纪90年代晚期(大约1998年)转为盈余时,美国经济的投资率也提高了,从1993年占GDP的14%上升到2000年的17.2%,也就是从典型的底部到达顶部。因此,在这段时期,政府有盈余且借款较少,私人企业便投资较多的钱。21世纪最初10年中期再度出现预算赤字,私人投资率也降低了,例如2003年预算赤字上扬时,投资占GDP的比例掉到14.8%。如同挤出效应理论所示,预算赤字与私人投资会彼此抵消。

先前讨论了投资有时会受限于凯恩斯所说的"动物本能",其增减可能会过多且过快。在某种程度上,它应该会在20世纪90年代后期的繁荣年代发生。一般而言,新厂房与设备的实物资本投资是经济增长的根本原因之一,也是把新技术导入生产流程的关键方式之一。我们有理由相信,如果使预算赤字降低,企业会获得更多资金,而且会更容易采用新技术,这有助于长期经济增长。总之,预算赤字偏高的负面效应,就是挤出私人投资。

第三个理论称为"挤入效应"(crowding in),意思是政府大量借款会带来贸易逆差。我们已经讨论过政府借款会如何吸引额外的外国投资,对经济学家来说,这和拥有大规模贸易逆差是一回事。记住这里的整体模式:当20世纪80年代中期与21世纪最初10年中期美国预算赤字很高时,贸易逆差也很大。因为预算赤字与贸易逆差同时增加,故也称作"双赤字"(twin deficits)。然而,90年代后期的预算盈余并没有导致贸易顺差,因此,这两个赤字并非总是如影随形。相反,90年代后期预算盈余多出来的钱,流入了当时的投资热潮中,所以并没有减轻贸易失衡的情况。预算赤字与贸易逆差看起来的确是有关联,但它们不会亦步亦趋地并肩同行。

检视政府总负债

长期而言,一直在增长的贸易逆差不是任何经济体可以承受的。外国投资人想持有的一国资产是有限的,目前美国每年付给外国投资人数千亿美元,而这笔金额还在逐年增加。大规模贸易逆差也带来了经济混乱的风险。有一天,当世界各国不愿持有这么多该国资产时,该国经济将会受到冲击。举例来说,美元对其他货币的价值可能会长期持续下降,这可能会使在美国购买进口产品的消费者和依赖进口产品(包括石油）的企业非常不安。在全球化时代，将有很多企业面临这种情况。

短期内，我们没有理由去担忧预算赤字，尤其是当经济似乎处于潜在 GDP 以下时。有人可能会谈到扩张性财政政策要如何实施（减税或增加支出），或是它在特殊经济情况下的效果。从宏观经济观点而言，短期预算赤字（尤其是从自发性稳定机制而来的赤字），在经济衰退期间不是一件坏事。

但是，当赤字走高并且持续很长时间，会发生什么事？在这里，分清楚预算赤字（某一年发生的政府借款）与政府负债（好几年累积下来的借款）是有帮助的。政府负债是一个有用的衡量工具，它可以看出长期预算赤字的持续影响。假设政府负债 4 万亿美元，然后在来年累积预算赤字 3000 亿美元，那么在当年年底的总负债就是 43,000 亿美元。反之，有预算盈余时就可抵减负债余额。

衡量国债状况的标准做法是，用某一年的政府总负债除以 GDP。这个计算使总负债有另一个用处，它和经济规模的比率使我们能逐年做有效的比较。20 世纪有好几个时期，美国政府的借款快速增长。负债占 GDP 的比例在第一次世界大战后增加，在经济大萧条期间重演，然后在第二次世界大战后的 1946 年达到高峰，是 GDP 的 108%。到了 70 年代，负债占 GDP 的比例从高点下滑到 25%。80 年代一连串的高预算赤字使负债占比再次上升，1994 年达到大约 50% 的高峰。伴随着

90年代后期的盈余，负债占比下降，2001年达到33%。由于21世纪最初10年中期的赤字规模适中，负债占比略微上升，2008年达到40%。在2009年与2010年庞大预算赤字的推动下，负债占比在2010年达到63%。

美国累积负债占GDP的比例在2010年很高，以历史标准来看，这并非异常，但长期前景并不乐观。无党派的国会预算办公室（Congressional Budget Office）定期会做预算预测，该机构的预测很有可能成为未来立法的方向。2010年6月其所做的预测认为，负债占GDP的比例在2020年将达到87%，在2035年将达到185%。

在租税面，该预测认为税收占比只会缓步上升一点，在2035年达到GDP的19.3%，基本上仍在17%~19%的长期范围内。

然而，联邦政府支出占GDP的比例在2035年预期将达到35%，比历史平均值高很多。政府支出比例提高是由三个因素驱动的，医疗支出增加是最主要的，2010—2035年，该支出占GDP的比例将增加5.4个百分点（这个预测已把2010年年初通过的医疗改革法案的影响纳入考虑）。其次是社保退休金提高，2010—2035年该支出占GDP的比例将增加1.4个百分点。政府支出比例变高的第三个主要原因是支付利息变多，它们会在所有债务中逐渐累积。

胡佛总统有一句名言："祝福年轻人吧，因为他们必承受国债。"但年轻可不是专利！再活一二十年，美国民众将面对更庞大的国债。

这份预算预测报告没有引起特别争议，跟美国政府主要的长期预测大致相同。如果社保退休金、医疗照顾、医疗补助与其他医疗计划如期增加，美国将面临很高比例的政府支出，政府将以大规模的、史无前例的增税或预算赤字来支付这笔钱，或是双管齐下。

造成美国长期预算赤字预测不乐观的单一最大因素是医疗支出。要强调的是，在2007—2009年经济衰退前或是2009年奥巴马总统上任前，长期预算预测已经相当糟糕了。2007—2009年经济衰退后的高赤字，使负债占GDP的比例急剧提高的情况提早发生了，但无论早晚，它终究发生了。

预算赤字或社会福利的取舍

前文提到的公共政策方案，没有哪个是容易推动的。大幅增加税收在政治上总是不受欢迎，美国的政治体系已经显示出无力控制医疗成本（这笔支出在几十年来急剧增加），也无力解决社保退休金的长期资金问题（这是几十年来大家都知道的事情）。削减联邦政府的其他支出来应付不断上升的医疗成本，看起来也不可行。

制定可增加私人储蓄的公共政策，是一个值得考虑的间接选择。这个方法若行得通，就可以提供更多的资金用于私人投资，也可以使经济不过分依赖外国投资。美国在最近几十年通过各种减税措施，例如个人退休账户计划与401（k）账户，试图鼓励私人储蓄。这些措施背后的概念是，储蓄者的这笔钱可递延到退休后才课税，这会增加储蓄金额，因而提高报酬率。然而，即使已经有这些账户计划，美国的私人储蓄仍然很少。

如果我们进一步采取激励之外的措施呢，比如法律要求的储蓄率？对于这个想法，政治上的保守派与自由派都有支持者，虽然他们使用不同的词语来各自表述。保守派说的是私人退休账户，用它来取代部分或全部的社保退休金和医疗照顾保险。虽然保守派的说话艺术倾向于强调"私人"，暗示这个计划给予个人更多的选择，但如果你仔细听，这些计划多会要求或强烈鼓励人们投入更多的钱。举例来说，其中一个建议是把你的社保退休金薪资税的1.5%移转到员工的个人账户，而员工也从薪水中提拨另外1.5%到同样的账户。这不像是鼓励储蓄，也许更像是贿赂，但目的是希望增加私人储蓄。

至于自由派，他们的这类提案称作自由派家长作风：专制地认定默认选项以鼓励私人储蓄，但你可以选择拒绝。它的概念大致上是每个人都会被要求拥有个人退休金账户或401（k）账户，每个人自动把薪水的5%或10%存入这个账户。你可以选择不存，但它假设大多数人无论如何都会接受这个预设计划，让金钱不断累积。同样，这种计划也很像鼓励人们储蓄。

美国预算赤字和累积负债的长期前景很糟糕，未来庞大预算赤字的梦魇难以想象。它们将消耗大量资金，并阻碍经济增长。我无法想象目前的趋势继续下去会怎样，但我也不能预见会有什么样的租税或支出政策可以大幅降低赤字。这个问题，足以让每位经济学家都变得谦卑起来。

29 金钱对我们没有任何用处，除非把它花掉

> 货币银行学：银行实际上是通过放款的过程来创造货币。

货币是什么？这似乎是个简单的问题，但答案其实出人意料地复杂。货币不只是你钱包里的钞票与硬币，也不只是在各种时空背景下，从珠子、贝壳到家畜等用作交易的东西。我们以西太平洋的雅浦群岛（Yap Islands）已经使用了好几个世纪的货币为例，这种货币至今仍有时用在大宗交易中，它实际上是车轮般大的石头，非常重，一个人搬不动，之所以被当作货币使用，是因为全部石头的所有权是公开的。如果你想买房子，向屋主开价六块石钱，若屋主接受了，你只要让所有邻居知道你拥有的这六块石钱现在属于另一个人就行了，不需要搬动这些石头，每个人都知道（或者很容易问到）它们属于谁。有一次，雅浦人运送一些石钱经过海湾，结果运送这些石头的船沉了。这事起初看起来是个大灾难，但岛民很快意识到这根本没关系。他们知道有多少块石钱，也知道它们在哪里（即使

沉到海底），因此仍然可以说谁拥有那块石钱。人们不需要看到或摸到石钱，一样可以使用它。

这个货币制度听起来很疯狂？但这基本上就是国际上行之有效的货币运作方式。长期以来，美国把大部分黄金安置在肯塔基州的诺克斯堡。诺克斯堡的黄金很难搬动，如同雅浦群岛的巨大石钱，人们只是持续记录哪一堆黄金属于谁：这一堆曾经属于 A 银行，现在属于 B 银行；那一堆曾经属于法国，现在属于英国。黄金实际上在哪里并不重要，重要的是要清楚谁拥有什么样的购买力。

货币的三种功能定义

如果雅浦群岛的大石钱或诺克斯堡的黄金从未被移动，有个奇怪的事实是：它们是否真的存在根本不重要，只要我们持续追踪谁欠谁多少钱，实际上的钱（亦即我们用来买东西的那些硬币、钞票和支票）就可以完美地发挥作用，不一定要有某种实体资产来支持，例如一堆石头（即使是黄金打造的）。因此，经济学家不是用货币形式来定义货币，而是把社会上具备下列三个功能的任何物品定义为货币：交易媒介（medium of exchange）、价值储存（store of value）、计账单位（unit of account）。

交易媒介是可以拿来交换任何待售商品的某样东西。举例来说，美国的纸币上有一句话："这张钞票是可以清偿政府与民间的各种债务的法定货币。"换句话说,如果你欠债了,依法可以用这些纸来还债。如同美国幽默作家安布罗斯·比尔斯(Ambrose Bierce)所说:"金钱对我们没有任何用处,除非把它花掉。"

作为价值储存的工具,货币是可以暂时持有而不会失去有效购买力的物品。当你收到货币时,你不需要立刻把它花掉,因为它在明天或明年仍然可以保值。相较于保存实体商品(例如罐头食品或冰箱),在价值储存上,持有货币确实是更好的方式,而且在未来某个时间点要交易使用也更容易。这并不表示货币必须具备完美的价值储存功能,例如在通胀时,货币的确会减损一些购买力,但只要仍被广泛用作储存价值的媒介,它就仍然是货币。在恶性通胀的情况下,货币几乎不能再称为货币,因为它再也不能储存价值。

货币的最后一个功能是作为计价单位,意思是大部分商品的价格是用货币来衡量的。货币是整个经济的价值衡量标准,使居民、企业、经济学家、政府统计学家有一种方式衡量并比较他们遇到的每样东西的价值。

如果要把某样东西当作货币,那它必须满足这三个功能。房屋可以提供价值储存的功能,它可以累积价值,而且你可以卖掉它。但是,房屋不能作为交易媒介,你不能在买车时付给汽车业务员一间卧室;房屋也不能作为计价单位,你无法计算一磅鸡肉值多少间浴室。因此,房屋不是货币。

在赌场里，筹码也许可作为货币，你可以用筹码来交换食物、饮料、房间或是纪念品，它可以作为你遇到的每样东西的计价单位和价值储存工具。但是，一旦你离开赌场，筹码便再也不是货币了，因为你无法用它来交换大部分的东西。

货币的最大优点在于它避免了以物易物，也就是用一个商品或服务来交换另一个东西。在一个现代、先进且高度专业化分工的社会，以物易物并不是一个协调大范围交易的适当机制。在没有货币的社会，两个人之间的交易需要经济学家所说的"双重需要巧合"（double coincidence of wants），也就是一个人想要的东西是另一个人可以提供的商品或服务。例如，如果会计师想要一双鞋，那他必须找到某个人，那个人有一双适当尺寸的鞋，并且愿意用这双鞋来交换会计服务。在有着成千上万种不同的工作与数百万种不同商品的现代社会，如果你东奔西跑，为你想要的每样东西寻找交易机会，那将是非常困难且累人的事情。货币可以解决这种问题，而且进一步容许更广泛的劳动分工、专业化以及交易量。货币是一种润滑剂，可协助经济交流的引擎顺畅运作。

M1 与 M2

政府统计学家有其定义货币的方式，他们使用一系列的定义，我们称之为 M1 和 M2。M1 货币包括通货（硬币与钞票）、旅行支票与个人支票账户。2009 年，美国 M1 货币的总金额大约是 1.7 万亿美元。其中大约一半是通货，另一半是支票账户，只有一小部分是旅行支票。

M2 是更广义的货币，是由 M1 加上储蓄账户构成的。储蓄账户大致可定义为银行活期存款，你无法用它直接开支票，但可以用其他方式（例如自动提款机或银行）轻易存取这笔钱。M2 货币包括货币市场基金、某些极安全的投资以及小额（低于 10 万美元）定期存款（CD）。关键在于，你可以提取并花费 M2 里的钱，但你需要找到提款机，而且也许有手续费，而 M1 则可以随手支用。2009 年，美国 M2 货币的总金额是 8.5 万亿美元，其中包括 M1 的 1.7 万亿美元。

要注意的是，通货（硬币与钞票）只是货币总供给的一部分。通货只是 M1 的一半、M2 的 1/10 左右。因此，当你要谈现代社会的货币时，不应只想到钞票与硬币，应该想的是银行账户。

常见的问题是：信用卡与借记卡属于哪一类货币？它们要如何计入金融统计？答案是，它们不是货币。信用卡只是短期借款的一个方法。借记卡则与银行支票账户关联，该账户已经是 M1 的一部分。各种卡片并不会改变实际的货币金额，就像你抽屉里有 300 张未使用的支票，并不表示它们会比 100 张未使用的支票更值钱。信用卡与借记卡是付款的方法，不是所支付的货币。

重点是，货币是和银行体系纠缠在一起的，现今的大多数货币是以银行账户的形式存在的。要了解货币，我们需要了解银行及银行体系。用经济学术语来说，银行是金融中介机构（financial intermediary），银行接受存款且承担放款，所以，它介于存款人和借款人之间。银行从承担放款中得到利息收入，并付利息给存款人以及支付各种营运费用。

2009年，美国银行业的总营收超过8000亿美元，其中大约3/4（6000亿美元）来自借款人付给银行的利息，剩下的1/4来自手续费。手续费一直是银行逐年增长的收入，尤其是用复杂的偿还条件安排放款的大型银行。费用也差不多，2009年，美国银行业的总费用略低于8000亿美元（2009年经济低迷，当年整个银行业的利润接近于零）。那一年银行业的费用，将近一半是营运费用，也就是薪水、办公室与设备，约1/3是付给存款人的利息，剩下的则保留给坏账和税金之用。

上述营收与费用清单，应该有助于厘清银行在什么情况下可能破产。例如，如果大量的借款人都拖欠贷款（也许是因为经济不景气，人们的收入比预期减少），银行就可能会破产。如果银行以固定利率承担大量贷款，一旦遇到利率行情走高的情况，它们就遭殃了，因为此时银行从贷款人处收到的利息是以双方协议的较低利率支付的，但银行向储户支付的是较高的利息。

在一个健康的经济体中，因经营不善而亏损的银行应该退出市场，就和其他经营不善的企业一样。毕竟，如果一家银行退出市场，其他银行可以继续接受存款与承担放款。但是，当很多银行突然同时遭遇财务困难时，整体经济就会受到伤害。真正的金融危机发生时，社会可获得的贷款会减少，银行可能会变得连短期放款也不愿承担，使货币难以扮演经济运转中润滑油的角色。

实际上，银行是通过放款的过程来创造货币。为了了解它是如何发生的，我们来想想你从银行贷款中（例如购房或购车时）得到的货币发生了什么事。首先，你把借来的钱付给某个人，他收到这笔钱，存入自己的银行账户。第二家银行用这笔存款做什么事？它会把这笔钱贷放给其他人。其他人拿到贷款后，在购买东西时会把这笔钱付给某个人，于是这笔钱又会存入另一家银行。银行体系是放款与存款的一个网络，其中放款形成存款的基础，存款又形成放款的基础，如此往复。这个过程创造了货币，因为如同之前我们讨论的，货币就是银行账户里的钱。因此，当货币一而再，再而三地贷放出去时，社会上就会有更多货币。

银行依法必须持有一部分存款作为准备金。当银行拼命放款时，由于这些放款造成购买力增加，社会将会出现大量的总需求。反之，如果经济不景气，银行可能会决定减少贷款，因为它们害怕这些放款收不回来。此时，社会的购买力和总需求会减少。放款金额减少，将会对整个社会的经济活动造成影响。

因为货币、银行、贷款、借款密切相关,所以政府会想对货币量与放款量施加一些影响。政策制定得好,将有助于总需求在未来的增长速度与总供给和潜在 GDP 保持一致。这样,宏观经济就可以保持平衡状态,而且可以接近金发女孩经济状态——在这个世界里,每样东西都恰到好处。但如果银行、放款、借款变得反常,以致总需求下降,跟不上总供给的步调,就可能出现经济衰退或通货膨胀。下一章,我们将讨论中央银行。再下一章,我们将讨论货币政策实际的运作方式。

30 中央银行既有权力,也有责任

> **联邦储备委员会的权力**:美联储主席是世界上最有权力的经济要角。

谁是世界上最有权力的经济要角?美国是全球最大的经济体,所以你可能以为最有权力的经济要角是美国总统。虽然我们在直觉上会想到总统掌控外交政策,但所有的税收与支出法案在总统签署之前必须先经国会表决通过。也许最有权力的经济要角是类似沙特阿拉伯领导人这样的人,因为他可以控制石油产量,影响全球油价;又或许是个中国人,因为该国经济快速增长。但即使是这样,个别的领导人也无法控制所有经济活动,何况他们还受到自己所属政党团体的种种限制。

美国宪法第一条第八款赋予国会权力,可铸造货币并调控其价值。1913年,国会创立美国联邦储备银行(Federal Reserve Bank, Fed,即美联储),把上述权力委托给该机构。美联储主席对货币供给与利率有很大的权力,而且在每天或每年的工作中,这项权力不会直接受到国会或总统的限制。我们可以有充分的理由说:美联储主席(美国中央银行行长)是世界上最有权力的经济要角。

全球各大经济体和大部分的小经济体都有中央银行。其中一些较知名的中央银行有欧洲中央银行（在欧盟采用欧元时，它取代了欧洲的很多国家银行）和英格兰银行（因为英国不使用欧元，而使用英镑）。日本银行与中国人民银行也各自扮演了该国中央银行的角色。

美联储如何主宰全球市场？

美国联邦储备银行是一个准政府机关，亦即它是在实际上由民间银行拥有的组织里，融入政府派任与法律规范。从国家层级来看，美联储是由所谓的管理委员会（Board of Governors，即联邦储备系理管理委员会）来经营的。该委员会包括七位成员，每位都是由美国总统任命并经参议院同意的。成员任期是根据政治独立性来设计的，每一任期14年，比任命他的总统任期还长。成员任期是在偶数年的1月31日到期，且每位委员只能服务一个完整任期，因此14年后，七位委员将会整体轮换。然而，14年任期实在太长了，以致委员经常在任期届满前离开。如果有人被任命替补缺位，他可以重新计算属于自己的14年完整任期。美国总统会在委员中指定一位出任委员会主席，虽然委员是由总统任命并经参议院同意的，但任命后他们与日常政治并不相关。

美联储（或任何中央银行）的主要工作是制定货币政策，

这有别于国会制定的财政政策。货币政策是指货币供给的扩张或收缩,其目的是助长或抑制总需求。中央银行有三个传统工具,可在银行与货币的架构内运作:法定准备金(reserve requirement)、贴现率(discount rate)、公开市场操作(open market operation)。还有一个因2007—2009年经济衰退而开发的工具,称作量化宽松(quantitative easing)。以下将逐一探讨这些工具。

法定准备金是银行不可贷放出去的存款比率。每家银行都被要求在中央银行储备一些存款,实际上,银行必须把这笔钱存入中央银行。

当法定准备金率提高时,每家银行可贷出的货币变少,这也使得民间可获得的贷款减少,而且总需求会缩小,市场利率也会因此上升,使借款变得较没有吸引力。相反,当法定准备金率降低时,每家银行可贷出的货币变多,银行可以扩大放款,这会扩大总需求。市场利率应当会跟着调低,使借款的代价降低。

举例来说,2003年美联储要求银行的支票账户与储蓄账户,金额在4130万美元内,必须保留其中的3%作为准备金,超出4130万美元的部分,则必须保留其中的10%作为准备金。法定准备金的规定几乎每年都有小幅变动,也许是上下几百万美元的浮动,实际上,对银行准备金有大幅影响的变动相当少。这个货币政策工具不常用,至少在美国是如此。

再贴现率是央行扩大或抑制放款的另一种方式。想象一种情况，银行已经贷出大部分甚至全部可贷资金，恰好接近法定准备金率的边缘。如果这家银行刚好处于边缘，而它要到当天营业结束后才能知道是否贷出太多资金或还没超过法定准备金率，而某人可能在银行关门前上门，取出或存入一大笔钱。如果银行算错了，导致它不能满足法定准备金率的要求，那它就需要在很短的时间内（理论上是隔夜）借钱，来平衡放款和存款，以符合法定准备金率的要求。银行经常为此互相借钱，如果银行为此向中央银行借钱，所需支付的利率就是再贴现率。

再贴现率如何影响银行的行为？如果中央银行提高再贴现率，就会鼓励银行手头持有货币，不会太冒险走在法定准备金率的边缘，因为借钱补足法定准备金会使资金成本变高。为了在法定准备金率附近维持一点缓冲空间，银行会少贷出一点钱，这就减少了市场上的货币数量。相反，如果中央银行降低再贴现率，银行就不会太在乎走在法定准备金率的边缘，因为如果真的算错了，借钱补足差额的代价并不高。这样，银行就敢贷出更多钱，增加市场上的货币供给。

虽然再贴现率是一个非常好的货币政策工具，但在实务上，中央银行用再贴现率贷出的钱并不多。在银行向央行借钱填补它的法定准备金之前，常见的做法是先向其他银行借钱。美国银行在过去几十年，直到2007—2009年经济衰退前，都不常向美联储借钱，所以再贴现率并没有改变太多。

2008年以前，公开市场操作向来是货币政策的主要工具。所谓公开市场操作，是指中央银行购买或销售债券，以增加或减少货币供给。我们来探讨一下其运作方式。银行持有资产，它们收到民间存款后，需要用某种方法把这些存款拿来投资。这些存款有些转为放款，当人们还贷款时，银行会收取利息。此外，大多数银行还持有一定金额的债券，通常是政府债券，它们也从债券中赚取利息。

美联储买卖债券的对象是银行。记住，债券不是货币，不是M1或M2的一部分。银行若把存款人的钱拿去买债券，银行并不能贷出这些债券。若美联储购买债券，银行就会拥有现金而非债券，而且可以增加其放款金额。这样，银行的放款量与信用就会提升，总需求随之增加。如果美联储把债券卖给银行，就会减少银行的现金，使银行放款减少，这意味着民间流通的货币变少，总需求会下降。

最近几十年来，公开市场操作一直是美国最常用的货币政策工具。其中一个理由是，改变法定准备金率与再贴现率，需要预测银行将会如何应对这些规则的变化。这是一个不确定的过程，没有人能完全确定银行会如何应对。但是，通过公开市场操作，美联储决定买卖特定数量的债券，就能根据市场利率的变化来看结果，然后决定买卖更多或更少的债券。

通过公开市场操作来买卖债券，是由联邦储备委员会管辖下的联邦公开市场委员会（FOMC）来决定的。FOMC由12

位成员组成,包括联邦储备委员会的 7 位成员,以及全美各地银行的 5 位代表。因此,公开市场操作不只是由政府任命者来决定的,全美银行业者也参与其中。

量化宽松初试身手

货币政策工具的最新方法是量化宽松,过去只是理论,2008 年以前从未在美国使用。它可以用两种方式来操作,其一是美联储可以把钱贷给金融市场的参与者。这些贷款通常是短期贷款,所以,在 2008 年与 2009 年初的金融危机期间,当一般放款来源枯竭时,这个方法可确保市场大户仍有管道以获得现金。这种量化宽松政策会在短期贷款清偿后退场。

量化宽松的另一个做法,是由美联储购买较长期的证券。2009 年与 2010 年,美联储除了购买美国国库券,还购买了超过一万亿美元的房屋抵押贷款证券。这个量化宽松的方法似乎在 2009 年与 2010 年对稳定金融市场有些帮助,但是,当美联储决定停止购买或卖出它持有的部分证券时,它在未来将如何长期运作,仍有待观察。

记住,银行是通过放款的网络来创造货币的。当一家银行放款时,这笔钱会被存入另一家银行,因而为另一笔贷款提供了基础,依此类推。这些货币政策工具都行得通,因为它们使银行放款的渴望增加或减少了,或者换个说法,它们让银行的放款能力提高或降低了。为了厘清这一点,我们来谈谈货币政策是如何影响放款、总需求及利率的。

如果美联储想让货币供给增加，有四个选择：降低法定准备金率，降低再贴现率，向银行购买债券，或是购买与借款有关的证券。这些措施都可以称为扩张性（或宽松）货币政策，它们往往能降低利率并促进放款。根据总供给与总需求模型，它们会增加社会的总需求。

反之，如果美联储想要降低货币供给，或者至少是抑制货币供给的增长率，就会结合一些工具来制定收缩性（或紧缩）货币政策：较高的再贴现率，较高的法定准备金率，把债券卖给银行，或是把持有的证券卖回市场。这些措施往往会使货币供给紧缩，提高利率且抑制放款。根据总供给与总需求模型，它们会降低总需求，或至少限制总需求的上升。

关于国际金融的新闻报道，经常谈到美联储提高或降低利率。然而，关于这一点，你应该明白，美联储并不像独裁者那样有权力说"我们宣布利率必须调升"或"我们宣布利率必须调降"。相反，美联储只能运用其政策工具来影响银行愿意且能够放款的资金供给。借由扩张性货币政策及增加资金供给，银行会更愿意放款，且利率会下降。通过收缩性货币政策及减少资金供给，银行会较不愿意放款且利率会上升。通过公开市场操作，美联储实际上是锁定一个特定利率，称作"联邦基金利率"（federal funds rate）。联邦基金利率是银行同业间短期隔夜放款的利率，随着这个利率的上升或下降，其他利率（例如车贷或房贷利率）会大致同步上升或下降。

虽然制定货币政策是中央银行的主要任务，而且是最受媒体关注的事，但这不是中央银行唯一的工作。中央银行必须确保金融体系有足够的通货在外流通，以满足社会大众的需求。例如，每年美联储有责任在圣诞购物季期间增加银行可获得的通货量，然后在1月份时减少通货量。

在2000年1月1日之前，民众害怕所谓的"千年虫"会引起全球商业（包括银行业）的计算机故障。虽然的确发生了一些灾祸，但结果显示，这种恐惧是被过度渲染了。当时，美国政府有四天与一组间谍卫星失去联系，一些机场的空中交通控制系统发生暂时故障，七家核能发电厂的计算机发生问题，全国大约有4000家小型企业发现处理信用卡的系统无法运作。在2000年1月1日之前，美联储宣布手头上有2000亿美元的通货，以预防金融体系受创导致市场暂时需要以现金交易。2000年1月1日前后，或许是出于对未知的恐惧，人们对通货的需求确实激增。但是，通货需求大约只增加了200亿美元，到2000年1月底，多出来的这200亿美元现金已被存回银行体系。因此，美联储的工作之一，是为可能导致现金需求波动的情况做准备。

中央银行——银行的银行

此外，中央银行还扮演银行中的银行角色。银行间交换支票和转移资金款项时,中央银行扮演中间角色。当你开具银行支票时,收到这张支票的人把这笔钱存入另一家银行,这张支票(或电子支票)需要归还给你存款的银行,而这笔钱需要从你存款的银行移转到另一家银行。中央银行按照各方需求在银行之间移转资金,以反映支票的流向。实际上,中央银行可能会把收集、分类、拍照、传送支票等大量工作外包给不同的私人企业,但在法律上,是由它来掌管与负责全部过程。

美联储是美国金融体系的管制者之一。以存款保险系统为例,银行缴纳保险费给该系统,万一银行破产,该系统可保护存款者25万美元以内的资产。在很多国家,存款保险是由中央银行经营的,在美国,则是由联邦存款保险公司(FDIC)来管理。银行付保险费给FDIC,该机构会在银行破产时直接付钱给存款人。所付的保险费是根据该银行的存款水平决定的,并根据该银行的财务状况而调整。FDIC会审查银行放款的价值、有多少放款已清偿、这些放款的条件是什么、银行负债多少,基本上就是审查该银行的整体财务健康状况,以决定银行的风险水平。例如,2009年,根据银行金融投资的潜在风险,相当安全的银行可能是为银行存款里的每100美元支付0.07~0.24美元的保险费,而风险较高的银行可能要为存款里的每100美元支付0.40~0.77美元的保险费。

FDIC为美国大约8000家银行提供存款保险。即使一家银行破产,管理者丢了饭碗,而且银行消失了,存款保险系统与政府也会保证存款者拿到他们在该银行25万美元以内的存款。这个金额对个人来说大致上是足够的，但对一些企业而言则不是。美联储理事会与美国财政部在稽核国内银行上扮演着关键角色，确保这些机构有充分的金融资产，且没有风险过高的放款。美国财政部管辖下的通货监理署（OCC）在全国各地有银行查账员，驻点审查1500家全国的大银行与存贷机构。另一个组织称为全国信用合作社管理局（NCUA），负责审查信用合作社，这些非营利性质的银行是由其会员拥有和经营的。美联储理事会还有责任监督银行控股公司，它们是拥有银行以及其他金融机构（例如保险、证券）的大公司。

当你把这些具有监管责任的机构摆在一起时，你会看到联邦金融机构检查委员会（FFIEC）管辖下的这些机构的一串缩写字母，包括FDIC、NCUA、OCC及Fed等。FFIEC基本上是一个伞形组织，可确保所有银行监管机构彼此沟通，并且在评估银行风险时采取相近的标准。然而，2007—2009年的一连串金融危机，已使得人们对这些监督是否有效提出严重质疑。

中央银行也可扮演最后贷款者（lender of last resort）的角色。也就是说，当金融体系出现重大金融灾难的潜在危险时，中央银行可提供短期放款，以使金融体系不会爆炸或内爆。金融恐慌会因恐慌而恐慌，使银行体系在一夕间崩溃，如同我们在电影《欢乐满人间》（*Mary Poppins*）和《生活多美好》（*It's a Wonderful Life*）中所看到的那样。这种人潮纷至沓来的现象就是银行挤兑（bank run），人们简直是冲进银行抢回他们的钱。现在，再也没有银行挤兑现象了，人们知道他们的银行存款是安全的，这得归功于存款保险。

但由于各种原因，金融体系仍有可能陷入僵局。例如，1987年10月股市大崩盘，美国股票的市值单日下跌25%，每个人都如堕云里雾里。如果当时你是一家金融机构，且和一家持有很多股票的公司或金融机构有往来，你该怎么办？你知道其他金融机构已经承担了很多损失，它破产了吗？你的放款收得回来吗？金融体系和社会的损失状况究竟如何？没有人能完全知道。当天，美联储站出来铿锵有力地说："对于任何一个需要钱的人，我们将以再贴现率提供短期贷款，而且金额可以说无上限。"美联储做出了这个承诺，才使得金融体系在银行与存贷机构解决问题时持续运作。这个量化宽松的方法——为金融市场的参与者提供短期贷款，与"最后放款者"的任务相似，尽管它面对的是持续一年以上的金融危机，而不是银行挤兑那样的单一突发事件。

中央银行兼具权力与责任，以实施货币政策及稳定金融体系。下一章我们将着重探讨货币政策的实际选择，这也是众多争议的来源。

31 你可以牵马到河边,但不能强迫它喝水

> **货币政策**:货币政策是否应该用来应对金融泡沫,这一点是有争议的。

当经济衰退来袭时,中央银行是保卫宏观经济的第一线。在经济不景气时,用较宽松的货币政策来降低利率,刺激总需求朝潜在 GDP 水平迈进,并降低周期性失业率。因此,经济衰退时的标准做法是中央银行出面降息,即推出扩张性、宽松的货币政策。2001 年经济衰退时,美联储曾连续降息 11 次。联邦基金利率(银行提供同业隔夜贷款的依据)从 2000 年的 6.2% 降到 2002 年的 1.7%。2007 年经济衰退时,美联储又调整联邦基金利率 10 次,从 2007 年中期的 5.25% 降到 2008 年年底的 0.25% 以下。

显然,美联储很积极地处理经济衰退问题,以刺激更多的总需求。实际上,从 2008 年开始,美联储推出新的量化宽松政策,通过公开市场操作把联邦基金利率降到接近零,希望找到增加放贷资金的方式。当时,金融市场承受着巨大压力,美

联储通过购买美国政府公债与房屋抵押贷款证券，以及短期放款给金融市场参与者，以期维持金融市场的运作，改善银行发放贷款的意愿。低利率与量化宽松政策的结合，显然不足以阻止周期性失业率在2009年与2010年攀升到10%附近，但美联储若没有采取行动，失业率可能会攀升得更高。

扩张性或宽松的货币政策，不会降低自然失业率。请记住，周期性失业是经济衰退的症状，自然失业率则取决于动态市场中劳动力的供给与需求，会受到工作及雇用方面的影响。自然失业率可归因于影响动态市场中劳动力供需的所有因素，例如影响员工行为的福利与失业保险，以及影响雇用成本与员工行为的规章制度。当经济处于或接近潜在GDP水平时，失业率基本上只剩下自然失业率，因为周期性失业率其实是零。在此情况下，扩张性货币政策已无法进一步降低失业率。

恐怖组合：通货紧缩＋负实际利率

紧缩的货币政策，借由提高利率及降低总需求可对抗通货膨胀。紧缩的货币政策减少了流通的货币数量，因此也降低了银行的放贷意愿。此时，可贷放的资金总额变少且利率变高，利率变高又意味着总需求变低，也就是借钱买汽车、房子、工厂及设备的大额花费变少。这表示追逐商品的钱变少，且通胀率变低。

美国在20世纪70年代后期和80年代初期出现了一个经

典案例。当时的通胀达到两位数,美联储主席保罗·沃尔克(Paul Volcker)决定打破高企的通胀率,因此采取了极度紧缩的货币政策。美联储把利率推升到两位数,利率过高的结果是总需求严重降低,以致美国在1980—1982年连续三年遭受严重的经济衰退。但到了80年代中期,美联储已经打倒了通胀这头怪兽。

美联储对通胀保持高度警戒,20世纪80年代曾数度因担心通胀再现而微幅调升了联邦基金利率。但是,在2007—2009年经济衰退后,由于经济缓步增长且失业率仍居高不下,人们较关注的是通货紧缩,而非通货膨胀。

当通胀率出现负数时,称作通货紧缩(deflation),意即货币的购买力不但没有随着时间变低,反而随着时间变得更高。货币购买力变高也许听起来不是坏事,但是,当通货紧缩与利率相互作用时,会造成货币政策难以应对的经济衰退。

实际利率(real interest rate)等于名义利率(nominal interest rate)减去通胀率。如果名义利率是7%,而通胀率是3%,那么借款人实际上只要付4%的实际利率。想象名义利率是7%,而通缩率是2%(意即通胀率是-2%),在这种情况下,实际利率其实是9%,比名义利率高。这样一来,无预警的通货紧缩使借款人的实际利息变高,导致大量放款收不回来。银行面对意外损失,变得较无能力且较无意愿承担新放款。货币与信用创造开始收缩,以致宏观经济需求下降,最后很容易变成经济衰退。

这里出现了双重危机：在通货紧缩引起经济衰退后，货币政策将难以运作。我们假设中央银行看到经济衰退出现，想采取扩张性货币政策，于是动手调低名义利率，且一而再，再而三地下调，一直降到接近零的状态。但如果此时出现5%的通缩率，那么即使名义利率是零，实际利率也仍是5%。中央银行无法使名义利率变成负数，因此，即使是最积极的公开市场操作，也无法在通货紧缩期间将实际利率降到零以下。例如20世纪30年代初期，美国的通缩率是6.7%，因此实际利率非常高。这是经济大萧条如此可怕的原因之一。很多借款人不得不拖欠贷款，导致许多银行破产。经济开始陷入恶性循环，银行越来越少，使得放款越来越少，接着总需求越来越少。害怕通货紧缩，是美联储在2008年开始试行量化宽松政策的原因之一。

并非每次通货紧缩都会导致严重的经济萧条（depression）。例如，日本从1998年以来经历了温和的通货紧缩，每年的通缩率在1%左右。虽然经济在这段时期表现得不太好，但半均每年也有大约1%的增长。历史上甚至出现过通货紧缩与快速增长共存的例子。美国经济在1876—1900年的这1/4个世纪经历了通货紧缩，每年的通缩率大约是1.1%。通货紧缩是这段时期的常态，但当时的实际GDP也快速增长，每年的增长率大约是4%。即使是在通货紧缩的环境下，银行、企业与消费者也可以适应调整。

中央银行需要提防通货紧缩。事实上，很多央行的目标是让通胀率保持在2%上下而非零，这样可保留一些缓冲空间，以避免可能的通货紧缩。除了20世纪30年代美国的经济大萧条[1]（Great Depression）——那一次，有可能出错的每件事几乎都出错了——这类严重的情况外，通货紧缩不一定会带来经济灾难。

货币政策也可以用来促进经济增长。如同先前所谈到的，经济增长的主要决定因素是人力资本、实物资本与技术投资，它们在市场导向的环境下交互作用。通胀率和利率低且稳定时，最适合提出长期规划来促进投资。中央银行想营造的经济环境，是企业借由更好的生产力与创新来获利，而非借由通胀的把戏或猜测金融市场的波动来获利。20世纪70年代，美国生产力增长速度大幅减缓，大约同一时期，通胀率出现大增的现象，虽然两者之间难以推论出严谨的统计关系，但很多经济

---

[1] 指1929—1939年的全球经济不景气。始于20世纪20年代的美国，随着经济的增长，市场融资炒作风气盛行，资金在房市和股市流窜。随后，美联储升息至5%，导致美股于1929年10月29日崩盘，道琼斯指数单日重挫23%（称为"黑色星期二"）。1929—1932年间，美股下跌超过80%。欧美经济联动性提高，随着美国经济的崩盘，银行转向欧洲抽回银根，使欧洲各国也陷入萧条。接着，美国在1930年6月17日通过法案，对3000多项进口商品课以60%的高关税，全球采取关税壁垒报复，国际贸易完全停滞。到了1932年，全球贸易总额只剩下不到1929年的一半。1933年，美国失业率达25%，英、德等国的失业率也高达33%。

学家怀疑，在发达国家，通胀率提高或反复无常会干扰企业和家庭对长期经济增长的努力或投资。

金融泡沫可以预防吗？

货币政策是否应该用来应对金融泡沫（例如 20 世纪 90 年代后期美国的股市上涨，或 21 世纪最初 10 年中期美国的房价上涨），这一点是有争议的。这里首先定义经济学家所说的"泡沫"（bubble），可能会对接下来的讨论有帮助。当价格上涨不是出于商品本身的任何属性，而是因为投资人期望价格持续上涨时，泡沫就出现了。泡沫会创造其自身的动能，因为很多人突然购买往往会推高价格，但这种动能无法永远继续下去，当足够多的人认清泡沫无法维持时，价格就会暴跌。

泡沫正在形成时，很难被发现。例如 20 世纪 90 年代后期的美国股市，有人把股价飙涨归因于因特网与相关新技术，认为它们创造了未来巨大获利的可能性；有人则认为股价高只是因为投资人预期股价会涨得更高。21 世纪最初 10 年中期，有些经济学家认为房地产的涨势可撑到 2004 年左右，随后在 2005 年和 2006 年转变为泡沫。当下要判断价格的上涨已经超乎理性且转变为泡沫，总是有争议的。

资产价格泡沫破裂，对社会来说可能是很难熬的。然而，中央银行基于几个理由，在过去并没有对资产泡沫花很多心思，其一是我们刚才说过的，很难判断某个东西在什么时候是泡沫，什么时候不是。我们真的想让央行来决定何时股价太高，应当下跌吗？此外，要使泡沫破裂，需要收缩性货币政策与较高的利率，处理不好就可能引起经济衰退。是否值得冒这个险，来戳破泡沫呢？在泡沫破裂且经济衰退隐约出现时，中央银行可以运用货币政策来对抗经济衰退。在2007—2009年经济衰退之前，美联储避开了有关资产泡沫的决策。但自从经济衰退以来，国际货币基金组织（International Monetary Fund, IMF）等机构的经济学家开始提议，在某种程度上，中央银行应该把资产泡沫纳入考虑。

我们在前面讨论过自发性与权衡性财政政策的差异，货币政策也有相似的区分：货币政策应该在中央银行权衡下实施，还是应该由特定规则来引导？

权衡性货币政策的问题在于经济是不可预测的。中央银行有每周7天、每天24小时研究经济的专家，因此，有人认为中央银行应该有弹性，能诊断经济问题，并在情况发生时做出回应。但是，权衡性货币政策也有一些实际面问题，例如时间滞后、过度反应的风险，以及经济学家所说的"推绳子"（pushing on a string）。

首先，时间滞后问题是指货币政策牵连甚广，中央银行必须能察觉经济情势、召集会议以及采取行动。政策改变需要通过银行体系传递，然后企业和消费者必须对银行的改变做出反应，这些事都需要时间。例如，突然降息的货币政策可能要

12～18个月才能完全发挥效果。

第二,过度反应的风险是指相较于货币政策想解决的问题,它可能会带来更多的问题。优秀的普林斯顿大学经济学教授艾伦·布林德(Alan Blinder)曾任联邦储备委员会委员,他提出了一个贴切的比喻:假设你晚上住在一家旅馆,你感觉房里很冷,于是调高空调的温度,但似乎没什么效果。时候已不早且你也累了,于是你一口气把温度调得很高,然后上床睡觉。结果半夜你醒过来,感觉像在做桑拿,于是你蹒跚下床,把温度调低。早上醒来时,你感觉房间变得像冷库一样。从这个比喻中得到的教训是,倘若你的政策需要花一些时间才会出现效果,你就很容易出手过猛。调空调温度这种事还不致酿成悲剧,但若动的是货币政策,过度反应可能会带来宏观经济的大灾难。

第三个问题是,货币政策对收缩经济的效果可能比对刺激经济的效果好。就像你可以牵马到河边,但不能强迫它喝水;中央银行可以向银行买债券,让银行有更多的钱去放贷,但不能强迫银行放贷这些多出来的钱。如果银行因为害怕太多人拖欠贷款,所以不愿意放贷,那货币政策在对抗经济衰退时就帮不上太多忙。2007—2009年经济衰退后,银行及其他金融机构握有大量现金,但在经济前景不明的情况下,银行仍不愿放贷。中央银行的银行家们常用一句话描述这个问题:货币政策就像拉或推一根绳子,当你拉绳子时,它会向你移动;当你推绳子时，它会弯折起来而绳尾却不动。当中央银行通过收缩性政策拉绳子时，它可以明确地提高利率并降低总需求；若试图通过扩张性政策推绳子，只要银行仍决定不放款，货币政策就不会有任何效果。这并不表示扩张性货币政策根本行不通，而是因为它并非总是可靠的。

最后一个问题是，政治人物或公民可能对什么是最重要的政策目标，或应该多积极地操作货币政策有不同看法，这种见机行事的弹性让中央银行——再没有别人——有选择的自由。

通胀目标化

这些议题（尤其是过度反应的风险）引起了经济学家的兴趣，他们想制定中央银行必须遵循的规则。全世界制定货币政策最常见的方法或许是所谓的"通胀目标化"（inflation targeting）。目前，有20多个国家的中央银行依法必须以维持低通胀为第一要务。欧洲中央银行（控制欧元）的法律，甚至把价格稳定作为主要目标，并规定每年的通胀率为2%。通胀目标化的优点是使中央银行负起责任而且透明化。美联储理事会是例外：它依法必须兼顾失业率与通胀率。在实际操作上，这似乎表示美联储应该在经济衰退时降息，并且在通胀形成威胁时升息。

没有哪个高收入国家是通过政府立法或行政机关来实施货币政策的，而是以中央银行作为代理机构，稍微独立于政治之外。为什么要用这种方式来实施货币政策？财政政策实际上是通过选任的政府官员来执行的，货币政策为什么不照此执行？

换个角度来看这个问题，让中央银行与日常政治隔绝后，其成员可以自由地在一年中多次用相当快的速度做出解决棘手问题的决策，若要通过国会做这类决定，可能会更困难。用日常的民主程序来控制货币政策，确实不切实际。还有一个顾虑是，政治人物总会要求更多的贷款和更低的利率，毕竟政治人物不想接受一些不受欢迎的事实，例如自然失业率，或是只靠货币政策无法快速修复房市泡沫或金融危机造成的后果。对货币政策的政治控制只会更容易导致更高的通胀率。

是否用民主程序来控制货币政策？这方面的辩论并未消失，但是，21世纪最初10年，全球最主流的趋势是制定中央银行应遵循的具体规则（例如通胀目标化），然后放手让中央银行达成该目标，而不是用民主程序来控制。

32 不用扩大贸易就很富裕的国家根本找不到

> **国际贸易利益**：相似商品的跨国界贸易会给国内生产者带来更激烈的竞争，而竞争有助于低价和创新。

大多数经济学家都赞成国际自由贸易，我也是。但是，即使我相信贸易就整体而言是有帮助的，也仍需考虑它的成本与效益。

先从一些基本观念开始探讨。最近几十年，全球化（这个时代的流行语之一）的程度如何？有一个简单的衡量指标，就是出口占全球GDP的比例。20世纪50年代，全球出口大约是全球GDP的7%，目前大约是25%，因此出口已增长到原来的三倍以上。美国经济也有类似的模式，20世纪50年代，出口大约占美国GDP的3%，到了21世纪最初10年中期，已占到GDP的12%，贸易增长同样在三倍以上。人们谈起全球化，所谈的其实正是这个趋势。

国际贸易为什么能为所有参与的国家创造双赢？有几个理由。来自贸易的潜在利益可以分为三大类：绝对优势（absolute

advantage)、比较优势(comparative advantage)以及动态增益(dynamic gains)。

从贸易条件来看,如果一个国家可以用比另一个国家更高的生产力来制造某商品,无论是每小时有较高的产出,还是达到同样产出的投入要素较少,那么这个国家就具有经济学家所说的绝对优势。举例来说,假设世界上只有两个国家:美国与沙特阿拉伯。相较于沙特阿拉伯,美国在种植小麦方面有绝对优势,而沙特阿拉伯在生产石油方面有绝对优势。这并不是说沙特阿拉伯没有农田,或是美国没有石油,只是说一个国家对特定商品的生产力胜过另一个国家。在这种情况下,如果它们发挥自身的绝对优势并彼此交易,它们就可以用较低的成本生产自己想要的小麦与石油。发挥自身的优势,两个国家都会变得更好。

贸易利益的概念简单易懂,但我们现在要想象一个更困难的情况:一个国家在所有领域的生产力都有绝对优势,另一个国家在所有领域都有绝对劣势。在这里,我以美国与墨西哥为例,这个说明方式并非完全公正或准确,但还说得通。相较于墨西哥,虽然美国拥有教育程度较高的工人、较新的资本设备,以及较好的通信、电力与运输等基础设施,但我们仍可以把美国与墨西哥之间的贸易看成对双方都有利的事情,比较优势的理论可以解释其中缘由。

一个国家在生产某商品或服务时,若生产力优势最大或生产力劣势最小，我们就说该国生产这项商品或服务有比较优势。举个例子，假设我有两份主要工作——编辑经济学文章和打字，再假设我有一个秘书，我做这两份工作的速度比秘书快，我在这两个领域有绝对优势。这样一来，我应该做这两份工作吗？当然不。相较于我的秘书，我可能在编辑经济学文章方面有较大优势，在打字方面只有较小优势。我每天只有这么多工作时间，如果我专注于编辑（此时我的生产力优势最大），雇用一个秘书来打字，那我就可以完成更多工作。

回到美国与墨西哥的例子上。从较高的生产力来看，相较于墨西哥，美国在生产计算机方面非常有优势，在生产纺织品方面则是稍微有优势。这样一来，美国应该生产所有的计算机与所有的纺织品，并且在这两个领域与墨西哥没有任何贸易往来吗？非也，理由就如同我不应该同时编辑文章与打字一样。如果美国专注于计算机生产，而墨西哥聚焦于纺织品生产，那么这两种商品的总产出就会变得更高，然后这两个国家可以彼此贸易，这样双方都会变得更好。

贸易竞争的好处

绝对优势与比较优势都是关于国家之间的贸易，两国有不同的生产力且销售不同的产品。然而，全球贸易有一半以上是在情形类似的国家之间发生的，尤其是全球的高收入国家，例如美国、加拿大、日本、澳大利亚，以及欧盟国家。这些国家之间的很多贸易牵涉到购买与销售相似的产品：例如美国从欧洲进口汽车，也出口汽车到欧洲；或是日本出口计算机到美国，也从美国进口计算机。此外，彼此有贸易往来的高收入国家，大致上也有类似的薪资水平。

这种相似产品的贸易，对两个国家的经济有什么好处呢？第一个好处是使较小的国家善用规模经济。像英国这样的中型经济体，如果有一大堆汽车厂商且没有国际贸易，每家厂商势必会很小，因为英国买车的人只有那么多。这类厂商无法善用规模经济，无法像大型汽车厂商那样用较低的平均成本来生产。当英国的一些汽车大厂能同时为国内消费与出口而生产时，它们就可以善用规模经济。

这种贸易的第二个好处是多样性的利益。再想象一下英国这样的中型经济体，一家汽车大厂可以供给该国一年所需的所有汽车。但由于规模经济，这家汽车大厂也许只能在一款车型上做得非常好，例如生产小型、节能的城市汽车。如果英国市场想要很多不同车型（小型车、家庭房车、跑车等等），就可以通过国际贸易来获得多种选择。

相似商品贸易的第三个好处，是使产业的专业化程度更高。有时，这被称作"价值链分解"，例如汽车是由很多部件组成的，有低技术部件（例如座椅外层的布料），也有高技术部件（例如计算机和引擎），再进行组装。类似国家之间进行贸易时，汽车的某些部件在某国制造，其他部件在他国制造，然后在另一个国家组装。如果这个过程允许每一方专注于特定、专业的任务,那么它们都可以变得更具生产力。

相似商品贸易的第四个好处,是可以促进知识与技能的流动。几十年前,日本公司发明了所谓及时化生产的存货管理系统,让存货维持在很低的水平,而且物料只在需要的时候才运送到工厂。对一些产业而言,这是一个很有效的生产统筹方法。美国从日本那里学到了这个方法并加以利用,于是有了观念的交流,而不只是商品与服务的贸易。

最后,相似商品的跨国界贸易会给国内生产者带来更激烈的竞争,而我们也知道,竞争有助于低价和创新。

扩大国际贸易的国家与经济增长良好的国家,两者在实证上有很强的相关性。此外,不用扩大贸易就很富裕的国家根本找不到。几年前,世界银行曾针对该主题发布过一份研究报告,它们把全球经济划分成两个群体:全球化的国家,其出口占GDP的比例在20世纪80年代和90年代翻了一倍;非全球化的国家,其出口占GDP的比例在这段时期下降。全球化的国家,包括中国、印度、墨西哥,以及全世界大部分的高收入国家,总共大约30亿人,其人均GDP在20世纪90年代每年增长5%。非全球化的国家,包含非洲大部分国家、中东和俄罗斯,其人均GDP在同期每年平均下降1%。

全球化下的国界壁垒

然而，国际贸易只是有助于经济增长的众多因素之一，可能不是最重要的因素。教育程度低、投资少、运输与通信基础设施缺乏、贪污腐化、法律不健全的国家，即使扩大国际贸易，也无法挽救一国经济。此外，全球化的好处是实实在在的，但这些好处是产业重新整合，并把当地经济导向全球经济的结果。

全球化的程度到底有多深？全球经济有多接近无国界市场？也许令人惊讶的答案是，即使是在21世纪，国界也仍然是很重要的因素。让我来提供一些佐证。

衡量国界重要性的一种方式是把国界内（大都会区、州或地区）的贸易与跨国界的贸易做比较。如果国界不重要，那么跨国界的贸易应该与国内各地区之间的贸易大致相同。举例来说，1995年，加拿大皇家银行首席经济学家约翰·麦卡勒姆（John McCallum）做了一项研究，比较了加拿大各省与美国各州之间的贸易。研究显示，把距离和当地经济规模做调整之后，加拿大各省之间的贸易将是它们与美国各州之间贸易的20倍左右。后来的估计倍数稍有下降，但我们仍可以看到，全球收入较高的一些国家，其国内各城市或地区之间的贸易通常是它们与跨国界的相似城市或地区之间贸易的3～10倍，可见国界的影响力很大。

无国界世界的另一个测试方法是：一国的东西的价格和另

一国非常相近吗？考虑各市场常见的一些可贸易商品，例如电视、汽车或牛仔裤，它们的价格在明尼阿波利斯、芝加哥、圣路易斯大致相同，而在莫斯科、孟买，它们的价格仍相同吗？很多调查证实，价格并不相同。有种方式可以看出这种差异，那就是观察当汇率变动时，价格会发生什么变化。如果跨国界的价格是相同的，那么它们应该随着汇率等比例变动，但结果显示，在不同的国际市场之间，汇率变化只有一半会反映在价格上。

国界为什么是重要的因素？虽然我们经常认为自己生活在全球化的经济体中，但运输与通信网络通常是在国内发展，我们心中有国界，不去进行跨国界的活动。企业要跨越国界，就必须面对不同的法律与租税体系，不同的语言与文化，不同的通货、劳动法、安全规范、会计准则，以及贸易法规。有人估计这些因素的成本，发现跨国界可能使商品价格增加40%。简而言之，跨国界的成本仍然是重要的，无论是好是坏，我们尚未接近一个无国界的世界。

基于各种理由，国际贸易在未来很可能持续增长。世界贸易组织（WTO）制定的国际贸易协议有助于扩展贸易，新技术则促使运输成本降低，且使通信与信息交流的成本变小。这些因素不但使协调国际贸易变得更容易、更便宜，而且促进了服务业贸易的发展，这些服务可在其他国家进行，从电话客服中心到税务甚至安排X光检查等。过去在全球贸易中占比不大的主要经济体,例如中国、印度和巴西,正积极投入全球市场,而全球其他很多国家,例如非洲国家,也正摩拳擦掌。

自由贸易的公共话题通常是产品标签的问题,而且紧咬着公平性的概念。有些美国人和欧洲人觉得"不公平",他们与中国、印度、墨西哥或波兰的生产者竞争,这些国家的工资水平较低,在污染防治与工作场所规则方面也有不同的法律。公平这个概念,经济学家很难讨论,它经常看起来像是"公平"的,却又暗示着"我不认为我们应该从其他国家进口东西"。关于限制进口的争论,可以用更具体的理由(例如工作、工资与环境因素)来评估,我们将在下一章讨论。

33 全球化的整体方向将提高全世界的生活水平

> **保护主义论战**：保护主义是指政府对国内产业提供间接补贴，由国内消费者用较高的价格埋单。

虽然大多数经济学家都支持自由贸易的力量，但他们也承认自由贸易有可能造成经济混乱或崩溃。因此，经常有政治压力要求限制进口，这些措施一般称作"保护主义"，因为法律限制进口，是为了保护国内产业免于国外竞争。

实施保护主义有几种方式。进口配额（import quota）是对进口采取数量限制，关税（tariff）是提高进口成本的一种税。国家可能会自愿加入限制出口的协议，但有时不是真的自愿，而是在威胁下谈判，如果一国不"自愿"减少出口，那么另一国就会制定配额或关税。20世纪70年代与80年代，美国即要求日本加入这种协议，限制日本出口钢铁到美国，最后形成了非关税障碍，里面的繁文缛节包括为了限制进口而设立的各种直接或间接的管制措施。例如，想象一个假设的规则，进口到美国的所有电视机都必须拆封检查，而且要拉到堪萨斯州中部的一个仓库一台一台地检查。这类规则所造成的时间成本和不便，无疑会抑制进口。

受保护的产业面临的国外生产者的竞争变少，因此可能获得较高价格，赚取较高利润。保护主义，用经济学术语来说，是政府对国内产业提供间接补贴的一种方式，由国内消费者用较高的价格埋单。至于钢铁等原材料，通常来说虽不是由个人来消费，但购买成品或服务的消费者最终仍需付出较高的价格，因为成本会转嫁到消费者身上。

保护主义能保障就业机会？

关于产业补贴，或许最著名的论点是保护主义可以使国内工人受益。这个论点出于四种不同考虑（有些可能较其他更有说服力）：进口可能影响国内工人可获得的工作总量，进口可能影响平均薪资水平，进口可能造成产业崩溃、工人失业，进口可能导致整个社会的工资不均加剧（即使平均工资增加）。我们依次来探讨这些论点。

毫无疑问，保护主义是一种补贴手段，有助于留住某些产业的就业机会。然而，我们没有理由相信保护主义能增加社会的就业机会。反之亦然，没有证据显示国际贸易会使就业机会减少。一个鲜明的例子，是20世纪90年代初期关于北美自由贸易协定（North American Free Trade Agreement, NAFTA）的讨论。总统候选人罗斯·佩罗[1]（Ross Perot）反对协定，他说："如果在美国和墨西哥之间有自由贸易，那么你会听到美国的工作机会被墨西哥吸走的巨大声浪。"北美自由贸易协定在1994年通过，随之而来的是美国历史上工作机会增长率最高的七个年头，吸走工作的声浪从未出现。

经济理论也认为国际贸易与国家的整体就业水平无关。周期性失业与经济繁荣和衰退有关，自然失业则与劳动力市场因素有关，这两种失业都与贸易无关。想象一个极端案例：封杀其他国家的所有进口，就能解决失业问题吗？当然不能。最重要的是，其他国家会报复，我们会失去出口的相关工作机会。如果其他国家不能在美国卖东西，那它们就不会想要美元，也不会买美国的出口产品。如果没有贸易，整体失业率可能会和过去差不多。

保护主义作为一个维持高工资的手段，效果如何？保护主义是对产业的补贴，无疑有助于该产业的工资增加。然而，这并不表示整个社会的工资都会变高。被保护产业的工资变高，是以提高商品价格为代价的，所以其他人都付出了代价。工资最终取决于生产力，如果自由贸易提升了生产力，平均工资就会逐渐增加。

进口确实会使两国的产业失调，导致与进口商品竞争的国

---

[1] 罗斯·佩罗（1930—　）：得克萨斯州富豪，1992年美国总统候选人。

内产业失去订单,并且导致出口产业增加产量。但重要的是,要把国际贸易的影响放在美国经济的大背景下进行考量。实际上,正是这种破坏机制使贸易为社会带来了经济利益。在美国或较庞大的经济体中,工作机会随时都在增减,因为有些企业失败后收缩,而有些企业成功后扩大。大部分订单转移的原因不在于某些产品销售的扩大或缩减,而在于国内竞争、公司的管理阶层与工人的素质,以及和国际贸易无关的其他因素。

保护主义可以减少一个经济体的收入分配不均吗?20世纪70年代与21世纪最初10年中期,美国的收入不均现象加剧,对于其中有多少是因贸易而起,曾有一番争论。得出的共识是全球化的确会在某种程度上影响收入不均,但它不是收入不均的最大影响因素。信息与通信技术提高了高技能劳工的生产力,这似乎是更重要的因素。此外,还有之前讨论的其他因素(第16章)。全球化只是一个较小的因素,一方面是因为美国的国际贸易多是和高工资国家进行,另一方面是因为美国大约2/3的工作根本不会与进口有竞争。美国律师不会与日本律师有多大竞争,在纽约卖房子的房地产经纪人不会与伦敦的经纪人有竞争。如果要修车,你不会把车从佛罗里达州送到巴西去修。很多工作不会与进口有竞争,而且无法由国外生产者提供。因此,虽然贸易对收入分配不均有些影响,但它不是导致这一问题的主因。此外,解决收入不均的问题,有比限制贸易更好的解决方案(第16章已有所讨论)。

贸易拉大穷国与富国差距？

有人认为，贸易会拉大全球富国与穷国的收入差距。过去一个世纪，全球较富裕的国家变得越来越富有，而较贫穷的国家并没有多大进步，两者的人均 GDP 呈现背离的现象。然而，富国之所以拥有财富，并不是因为它们让撒哈拉沙漠以南的非洲地区、印度部分地区或中国西部地区变得贫穷。这些地区不是因贸易而贫穷，它们的贸易并不多，真要追根究底，它们的贫穷是因为缺乏贸易。全球收入差距扩大，不是因为全球化伤害了贫穷国家，而是因为它们没有参与全球化。经济发展的热门成功故事，例如日本、韩国、中国，以及现在的印度，基本上都是以对外贸易作为经济增长的主要引擎之一。

保护主义还有什么其他争议？人们有时会认为新产业，也就是"幼稚产业"（infant industry）需要保护，以使它们不受国外竞争的影响，直到它们建立起足以在全球市场竞争的规模与专业能力。这个论点言之有理，但在实务上，这些幼稚产业通常不会变大变强，反而国家会因为支持它们而蒙受损失。20世纪 70 年代出现了一个经典案例，当时巴西决定保护其新兴的计算机产业，使其免于进口竞争，结果到了 80 年代后期，巴西的计算机产业落后于他国大约十年，这对计算机产业来说是很长的一段时间。这不单是计算机产业的问题，想一想巴西会用到计算机的其他产业——金融、工业、通信，它们都在使用落后十年的计算机跟全球竞争。过时且没有竞争力的计算机产业已经够糟了,巴西在保护该产业的同时,还阻碍了其他产业的发展。

韩国是保护幼稚产业且运作结果相当好的例子,政府补贴某些产业,例如重型建筑设备制造业,如果该产业在预设时间内,其产品的国际销量没有达到某个水平,那么所有的补贴就会被取消。因此,短期保护伴随着在全球市场上竞争的期限。然而,韩国与东亚其他国家经济增长的基础并非幼稚产业政策,而是实物资本、教育培训与新技术投资的高报酬率。这些国家虽然保护一些幼稚产业,但仍大力扶持农业等传统产业。

关于保护主义的另一个争议是,国外生产者可能有不公平的优势,因为他国的环保标准比美国低,因此生产成本较低。这个论点很缺乏说服力,环保成本只占总成本的一小部分,在美国,大多数产业的环保成本也许只占总成本的2%。此外,当国家变得更富裕(这是国际贸易的部分结果)时,其环境往往会变得更干净,毕竟它们有更多的资源可用在环保问题上。事实上,跨国企业会在其他国家带头减少污染,因为它们会把在欧洲或美国开发的污染防治技术带到低收入国家。减少国际贸易会使环境变好,是个错误的想法。

对于国际贸易的另一个顾虑是掠夺式定价的问题,或称"倾销"(dumping),即以低于成本的价格销售商品,将竞争者赶走,取得垄断地位后,再提高价格。美国市场上有很多国际竞争者都遭受过这种指控，尤其是在钢铁业。这方面的案例比比皆是，例如汽车、钢铁及电视机制造业，国外竞争者在这些领域使美国厂商面临很大困境，甚至使其被迫退出市场。然而，我们很难找到一个案例来说明国外厂商能因此赚取垄断利润，毕竟国外生产者仍必须彼此竞争。例如，日本汽车在美国汽车市场卖得很好，但本田与丰田仍竞争激烈，同时也与其他汽车厂商竞争。就定义而言，倾销不只是伤害国内生产者而已，若没有出现垄断者索取高价的情况，倾销就不成立。

在争论保护主义时，有时人们会说某些产品（例如石油）对国家安全至关重要，所以不应该依赖国外供应。我的逻辑和他们不同：正因为石油是极其重要的资源，所以更应尽可能地进口，把石油储备起来，不要耗尽国内的资源。这样不是更有道理吗？难道我们不应该未雨绸缪，保护自己的重要资源吗？如果这个极其重要的产品是一项新技术，尽快学会最好的技术，未来用于国内生产，的确比较合理。此外，人们很容易滥用国家安全的借口来限制进口。从20世纪50年代开始，基于国家安全的理由，美国政府对生产军人制服所需马海毛（mohair）的厂商提供补贴，直到21世纪还在补贴，虽然马海毛已经有几十年没有用来做制服了。

人们对保护主义有很多争议，但只有少数论点是有说服力的，我们总会有比限制进口更好的办法来应对这些争议。

值得回顾的是，全球经济走过20世纪两次世界大战及其间的经济大萧条，经历过国际贸易急剧衰退的日子，在那之后，政府意识到限制贸易对大家都不好，因此在1947年签署了《关税及贸易总协定》（General Agreement on Tariffs and Trade, GATT）。1995年，GATT转型为世界贸易组织。区域自由贸易协议在全球遍地开花，例如北美自由贸易协定以及过去的欧洲共同体（European Community）。事实上，有人说区域贸易协议就像一盘意大利面，把一个国家与另一个国家的各种贸易协议搅在一起。一般而言，这种模式的贸易协议已经成功了。基本关税从20世纪50年代的40%下降到现今的4%，使得国家之间的贸易变得容易多了。这些国际贸易协议的使命，也扩大到服务业贸易、环境及劳动力领域。

各国签署国际贸易协议以支持自由贸易的理由，与人们加入健康俱乐部并报名上运动课程的理由几乎相同。这些国家知道它们将不断受到保护主义诱惑，总会有某些产业遭遇国外竞争，因而对这些贸易协议不友善。这些产业将组织起来，游说政治人物以寻求保护。在美国的政治体系中，有组织、对利害关系影响大的特殊利益团体（例如寻求保护的某个产业）胜过没有组织、人数较多的团体（例如消费者），前者会把成本分摊到后者身上，这种情况屡见不鲜。而各国签署自由贸易协议，就像是把手都牵起来，反倒让保护主义无计可施。

经济全球化的趋势势必仍将持续，驱动因素有三个：通信技术与交通的发展使全球的经济联结更容易;国际协议降低了贸易的法律障碍;中国、印度、巴西等出口导向经济体的崛起。每个重大的经济变化都会带来挑战与破坏,全球化也不例外,但全球化的整体方向将提高全世界的生活水平。

34 汇率剧烈波动会对经济造成很大干扰

> **汇率**：利用稳定或缓慢变动的汇率，可创造有利于贸易与投资的环境。

1995年，旧金山联邦储备银行经济研究员肯尼思·卡萨（Kenneth Kasa）发表下列看法：

如果你随机抽样询问经济学家，请他们列举出人类所面临的三个最困难的问题，答案可能会是：（1）生命的意义是什么？（2）量子力学与广义相对论之间的关系是什么？（3）外汇市场是怎么回事？（数字不代表优先次序）

曾经去国外旅行的人都处理过汇兑的事情，人们很难解释汇率为什么处于目前水平，其价值为何会改变，以及对汇率应该做些什么事。我们先来厘清一些名词的概念，因为谈到汇率，常会用到一些被强烈误导的专有名词。

举例来说，每个人都知道"强势"是好的而"弱势"是坏的，对吧？把它套用到金融环境中，"升值"是好的而"贬值"是坏的，没错吧？用在汇率上，这两句话都是错的。当谈到价格时，价格"高"是好是坏取决于你站在交易的哪一方。生产者希望生产的东西价格高，消费者希望商品价格低，而我们大多数人同时扮演这两个角色——工作时是生产者，买东西时是消费者。汇率只是一个价格，一国货币可以依此价格换成另一国货币。强势货币表示可以换到的他国货币变多，弱势货币则表示可以换到的他国货币变少。因此，如果在美国要买进口商品，你会喜欢强势美元，可以换到很多他国货币；如果在美国出口商品，你会喜欢弱势美元，因为当你把出口收入从外币转换成美元时，你会赚到更多钱。

你可能已经预料到了，国际货币市场也存在供给与需求的问题。外汇市场的供给方是谁，需求方是谁？我们以美元市场为例来回答这个问题。如果你是在国外旅行的美国游客，你持有的是美元，也就是说，你付的是美元，而我给你的是外币。而在美国市场销售的外国公司赚到美元以后，需要将美元转换成当地货币，以便用当地货币支付员工、供货商和股东。因此，在美国销售的外国公司是美元的供给者以及当地货币的需求者。想投资其他国家的美国投资者，在外汇市场是美元的供给者，如果想投资于德国，就会需要欧元。

那么，在外汇市场，谁需要美元？当然就是上述三个群体的相对方。到美国旅行的外国游客供给他们自己国家的货币，并且换取美元。美国的出口商赚到外国货币，但他们需要将外币换成美元来生产商品并支付美国工厂员工的工资。最后，想购买美国资产（股票、债券或房地产）的外国投资者持有本国货币，他们需要美元来购买美国资产。

当美元走强，可以买到的外币变多时，供给美元的人将从中获益，而需要美元的人将蒙受损失。当美元走弱，可以买到的外币变少时（或是当外币可以买到的美元变多时），供给美元的人将蒙受损失，而需要美元的人将从中获益。

具体来说，上面这段话是什么意思？如果你是在海外旅行的美国游客，那么美元走强是好的，因为你可以买到更多外币，这样你就可以在旅行时花更多钱。如果你是来美国旅行的外国游客，那么你就会希望用本国货币买到更多美元，因此，你会希望美元走弱。

把商品出口到美国的外国企业，喜欢强势美元，因为它们赚的是美元，希望用美元换更多的本国货币。这也表示，购买进口商品的美国消费者也应该喜欢较强势的美元，这使他们能购买世界各地更多的商品。另一方面，美国的出口商则喜欢弱势美元与较强势的外币，因为他们赚的是外币，而付的是美元。实际上，弱势美元可限制企业的花费，同时维持高利润。基于这种模式，美元走强往往会伤害出口商，帮助进口商，并会减少贸易顺差，增加贸易逆差。另一方面，美元走弱将会促进出口、抑制进口，并会减少贸易逆差或增加贸易顺差。

外国投资人在美国的情况又如何？他们喜欢强势美元，如此，从投资中赚到的美元会更值钱，当他们把美元换成当地货币时，换得的钱会变多。然而，强势美元会伤害海外的美国投资人，因为他们赚的是外币，当他们把外币换成美元时，换得的钱会变少。因此，强势货币有助于外国资金的净流入，而弱势货币则会抑制外国资金的流入。强势货币往往会抑制出口、促进进口，并导致贸易逆差。就投资而言，强势货币有助于资金流入。这两句话在本质上是相同的：毕竟，贸易逆差象征着外国资金的流入。换句话说，强势美元有助于外国人投资美国资产，而不是购买美国商品。反之，弱势美元有助于外国人购买美国出口的商品，而不是投资美国资产。

购买力平价汇率

全世界有超过150种不同货币，按照字母顺序排列，从阿富汗的阿富汗尼（afghani）、阿尔巴尼亚的列克（lek），到赞比亚的克瓦查（kwacha）、津巴布韦的津巴布韦元。对美国经济影响最大的货币是其主要贸易伙伴的货币，例如加拿大元、人民币、欧元和日元。

从第二次世界大战结束到20世纪70年代初期，外币汇率是固定的。1944年7月签订的《布雷顿森林协定》（Bretton Woods Agreement），创立了国际货币基金组织（IMF）与国际复兴开发银行（又称世界银行）。起初，IMF的工作之一是使汇率固定在适当水平，所有货币都可以以某个比率兑换为黄金。然而，当经济力量想调整汇率时，IMF就无法将汇率维持在固定水平。1973年开始允许汇率浮动，意即汇率主要由供给与需求来决定，政府偶尔干预。

浮动汇率经证实是剧烈波动的，常常在几年内上涨或下跌30%以上。美联储计算美元的平均汇率，根据每个国家与美国的贸易量加权，大贸易伙伴货币的权重相对较大。根据这个平均值，1981—1984年美元的价值上涨30%，1985—1988年下跌25%，1999—2001年上涨10%，2003—2008年下跌10%。美元相对于个别货币的短期（一天或几个月）汇率变动，通常比上述幅度大很多。

长期来看，经济学家相信汇率将朝"购买力平价"（purchasing power parity）汇率（或称PPP汇率）移动。在世界银行推动的国际比较计划（International Comparison Program）中，一群经济学家使用一篮子国际贸易商品来计算所有国家的PPP汇率，这些商品包括电视机、小麦与石油。假设在美国购买以美元计价的某一组国际贸易商品，然后在另一个国家购买以该国货币计价的同样一组商品，无论用哪个国家的货币购买这一篮子商品，其成本都相同时的汇率就是购买力平价汇率。

为什么汇率最后会趋向PPP汇率？因为其他情况原本就不稳定。如果一国的国际贸易商品比另一国便宜很多，那么人们就可以在便宜的国家买入，然后在贵的国家卖出，从中获利。

这个过程最终会改变供给量与需求量，使汇率趋向PPP汇率。这个理论也说明汇率将根据两国的通胀差异而调整，毕竟PPP汇率与商品和服务的实际购买力有关。如果你的国家每年的通胀率比其他国家高5%，那么在这一组国际贸易商品上，你的钱每年会比其他国家的钱少买5%的商品。

然而，从短期与中期来看，汇率通常不会接近PPP汇率水平，也不会朝它移动。相反，汇率会相当明显地波动，这个波动主要是由预期报酬率的改变驱动的。全球经济体的总出口额每年大约是15万亿美元，而2007年外汇市场每天的交易总值是2.3万亿美元，显然其中很多货币的交易理由与商品和服务的国际贸易无关，而与金融投资有关。当国际投资人想知道他们在哪里可以获得最佳报酬率时（无论是投资于美国、欧洲、巴西还是俄罗斯），他们不仅要看投资报酬率，还要看现在与未来的货币汇率。

举例来说，如果我是美国投资人，在巴西投资获得了20%的报酬率，但巴西货币在这段时期贬值了30%，那么这笔投资对我来说就没有任何好处。因此，当人们考虑在其他国家投资时，他们思考的是：我预期该国的汇率将走强还是走弱？这个行为建立了一个自我实现（self-fulfilling）的期望循环。如果人们认为某个国家的货币将走强，他们就会投资于那个国家。当他们投资时，对该国货币的大量需求就会使它走强。但这个自我实现的期望循环无法永远持续下去：预期货币的价格将上涨，导致货币的实际价格上涨，进而引发对上涨中的货币价格有更高的预期，然后进一步导致实际汇率走高。在商品市场中，我们把这种现象称作泡沫，外汇市场充斥着随时在扩张或破裂的大大小小的泡沫。在某个时间点，汇率终将回归到PPP汇率。

有些人主张汇率应该由市场决定，这的确是美国多数时候的汇率政策。反对者则主张，外汇市场相较于其他市场是变动不休的，虽然庞大的经济体可以允许该国汇率在市场中自由浮动，但对于进出口额占该国GDP一半以上的小经济体而言，采取不干涉的态度是有困难的，因为汇率大幅波动会对它们的经济造成很大影响。

政府若想管理汇率，通常会追求稳定或缓慢变动的汇率，以创造有利于贸易与长期投资的商业环境。这个逻辑和维持低通胀的理由相似：经济政策的目标应该是鼓励企业致力于提高生产力以及它们在全球市场的比较优势。没有哪个国家希望它的企业花不合理的时间去担忧如何自保，以便不受汇率波动的影响，或者把心思放在如何从这些波动中获利上，而不是放在如何从生产与销售中获利上。

外汇市场与汇率干预

政府的首要目标是使货币维持某种程度的稳定。经济学家有时会建议某个国家的货币贬值，以便使出口商变得更有竞争力,并且在出口导向的产业中创造更多的工作机会。虽然潜在的经济因素有时会使货币贬值,但货币贬值并非经济永续增长的正道。毕竟,弱势货币不仅能使出口商变得更有竞争力,对于购买进口商品(例如石油)的消费者和所有企业来说,它还能使所有进口商品变得更贵。从长期策略来看,一个国家不应持续让其货币贬值。

政府可能会试图控制汇率。例如,收缩性货币政策可以提高利率,为了获得较高的投资报酬率,全球投资人会去投资该国货币,进而使汇率走强。相反,扩张性货币政策可以降低利率,使得该国货币不那么吸引外国投资人,进而使汇率走弱。然而,如果一个国家运用货币政策来影响汇率,那它就不能同时用货币政策来对抗通胀或失业。例如,假设一国家遭受某种负面的经济冲击,以致其汇率下跌。如果想让汇率上涨,该国需要运用收缩性货币政策以提高利率,使汇率与货币变得更有吸引力,但收缩性货币政策会冲击国内经济。面对这样的情况,多数国家会优先振兴国内经济,而非稳定汇率。

控制汇率的另一个替代方案是在外汇市场直接买卖本国货币。若一国想使其货币走强,可以在外汇市场买入本国货币;想使其货币走弱,则卖出本国货币。但这种直接买卖的方法有其限制,当一国卖出本国货币时,它会获得某个国家的外汇储备(foreign exchange reserve)。因此,只要该国愿意持续建立外汇储备,它就可以卖出本国货币。而当一国买入本国货币时，它需要拥有某个国家的外汇储备才能购买。因此，只要该国拥有外汇储备，它就可以持续买入本国货币。在某个时间点，这些储备会用完，使得该国无法不断买入本国货币。买卖本国货币往往只是短期办法，并非长期政策。

在管理汇率时，所有政府都会遇到两个实操上的问题。第一个问题是外汇市场会猜测政府动向。例如，如果外国投资人预期政府会放手让货币贬值，那么他们就会抢先卖出该国货币，使得该国货币的汇率立刻开始下跌。如果政府改变心意，投资人就可能再度买进，货币就会升值。认为政府可能采取什么手段干预汇率，这个预期本身就会使汇率剧烈波动。

第二个问题是政府很难设定一个符合现实的汇率。长期而言，货币需要反映购买力平价，需要反映货币实际上可以买到什么东西。如果政府把货币价格固定在一个不符合现实的水平上，无论是高还是低，都会造成国际收支不平衡以及金融压力。如果政府让货币过于强势，就不利于该国未来的出口，而且会产生巨大的贸易逆差。若政府让货币过于弱势，那么该国将出现较大的贸易顺差，且投资资金将不断流出。同样，投机者会预期货币走向，政府不得不出手干预，利用利率或直接买卖来遏阻他们。让汇率保持固定，违反了外汇市场潮流，是一种矛盾的做法。

近年来，经济学家的普遍看法是，一国可以让汇率浮动或固定，但不应经常处于中间立场，用一种不可预测的方式偶尔让汇率浮动。这种"半吊子"政策的结果经常是汇率暂时维持稳定，但不久就会出现剧烈波动，这会严重冲击中小国家的经济。

美国没有必要太关心汇率，毕竟美国绝大多数的经济活动都发生在国界之内，而美国 50 个州使用的共同货币，是永久固定汇率的。加利福尼亚州的货币等价于纽约州的货币，也等价于得克萨斯州的货币。全美各地的固定汇率，大幅促进了美国境内的贸易。然而，亚洲、拉丁美洲与非洲国家，以及尚未引进欧元的许多欧洲国家，则必须为了处理各种货币的汇率问题而制定汇率政策。由于全球化的发展，美国经济与世界各国已更紧密地联系在一起，汇率议题对美国来说必将日益重要。

35 美元大幅贬值对美国并没有显著的负面影响

国际金融风暴：遭遇金融危机的国家都有某些共同点，其 GDP 会大幅萎缩。

每隔几年，新闻头条都会出现某国经济受到国际金融危机冲击的报道。回溯 20 世纪 80 年代，拉丁美洲的很多国家在全球资本市场过度借款，无力偿还贷款。90 年代，墨西哥无法偿还负债。国际金融危机在 1997 年冲击东亚国家，1998 年是俄罗斯，2001 年是土耳其，2001—2002 年是阿根廷。2007—2009 年经济衰退以来，没有哪个国家不履行其债务，但"小猪四国"（PIGS）——葡萄牙、爱尔兰、希腊、西班牙——仍相当混乱，可能拖欠其借款。要警惕的是，放眼未来，美国政府若不改变举债做法，可能也将无力偿债。

这些国家是怎么了？这个问题结合了我们讨论过的一些议题：国际资金流动规模的扩大，汇率变动且难以实行固定汇率，银行体系崩溃。然而，真正的问题是政府无力偿还债务。

遭遇金融危机的国家都有某些共同点：GDP 会大幅萎缩。

例如，墨西哥经济在1995年萎缩了6%，印度尼西亚经济在1998年萎缩了13%，阿根廷经济在2002年萎缩了11%。相较于2001年或1990—1991年的经济衰退，2007—2009年美国经济衰退的时间较长且影响较深，原因就在于它是由金融危机引起。

国际金融危机有一种常规的模式，细节则因不同案例而有所差异。遭遇金融危机的国家在危机发生前也会出现大量的外资净流入（通常达到GDP的4%~7%）。这些国家变成海外金融投资的热门标的，当外资涌进其银行与金融体系时，银行放款大幅增加。由于某些非常宽松的放款惯例，这些国家的银行放款有很高的比例未按时偿还。这些国家的股市也一样，外资流入使股票需求大幅增加，很快推升股票市值，导致股市在相当短的时间内大涨50%。之后，这些促使银行额外放款及股市上涨的外资就会停手或撤出。

外资与汇率联动

我们很难明白国际资金为何如此转向，这就像问是什么原因造成挤兑一样。有时，星星之火可以燎原。20世纪80年代，拉丁美洲国家在利率低时大量借债，后来利率上升，便无力偿还债务。90年代一度流行投资东亚国家，但泡沫最终破灭。最近，希腊过度举债以应对政府的高额开销，爱尔兰过度借款以致房市供过于求。国际资金一旦转向，转变可能又快又猛。金融市场的确有追逐趋势的倾向,当这些小国的股市上涨时,借钱给这些国家看起来似乎是个好主意,于是资金大量涌入,以致当地经济无法妥善管理。经济学家称这个过程为"过度调整"(overshooting)。在某个时间点,当地经济会明显变得无法管理这些资金。很多银行的放款收不回来,公司股价看起来异常高。当资金开始撤出时,反向过程经常会再次过度调整。

随着资金大量涌入这些国家,然后撤出,汇率会剧烈波动。当外资大量涌入一个国家时,很多人抢买该国货币,使得货币迅速走强。而当这些金融投资撤出时,每个人都想抛售货币,汇率因此大幅下跌。例如,阿根廷比索在2002年1月1日时价值约一美元,只不过六个月,国际资金撤出后,一比索只值28美分。金融危机发生时,一国货币贬值一半以上是很常见的事。记住,外汇市场会受到自我实现预期的影响。

汇率波动甚至可能引发更大问题。发展中国家在国际市场上借款,大部分是借主要货币,通常是美元,有时借欧元或日元。因此,当泰国借钱时,泰国的银行会借以美元计价的资金,而用泰铢贷放出去。为了进一步说明,我们假设有一家银行借来100万美元,用40泰铢对一美元的汇率转换后,贷放给一家泰国公司。这家公司用泰铢还款给银行,接着银行再把泰铢转换为美元,以偿还原来的借款。到目前为止,一切正常。如果公司还款给银行之前,泰铢贬值了50%,会发生什么事？4000万泰铢不再值100万美元，而只值50万美元，结果银行没有足够的钱来偿还借款。现在想象一下，若这状况在泰国各地发生，那我们基本上可以说泰国所有大银行都将同时破产。就像大多数国家一样，泰国政府有存款保险，当银行破产时，政府有责任偿还银行借款。庞大的款项可能会占到GDP的的10%以上，因此政府会面临庞大的预算赤字。

很多低收入与中等收入国家期待稳定的外资流入，这不仅可带来实物资本资金，还可带来管理知识、国际商业往来、精良的员工培训，以及先进技术。这些国家一方面要使外国投资人有兴趣来投资，一方面要降低国际资金流突然U形反转导致经济崩盘的风险。有什么政策可供选择？

首先，为了减轻冲击，国际货币基金组织（IMF）有权放款给遭遇金融风暴的国家。IMF成立于1945年，是联合国促进国际汇率稳定的官方机构。当一个国家遭遇金融危机时，IMF随时可提供放款，不只是暂时或短期放款，还有可帮助这些国家应对这些变化的长期放款。IMF有一个理事会，是由世界各地的代表组成的，每年开一次会。它还有一个由24人组成的执行董事会，每周开会数次。执行董事会的常任成员国有美国、日本、德国、法国、英国、中国、俄罗斯及沙特阿拉伯，其他16个席位则由IMF成员选举产生。按照规定，每一票的重要性是以该国的经济规模而定的，所以美国比其他国家有更大的表决权，但大多数的日常决策其实是采用共识裁决的方式的。

IMF放款是有条件的：例如，政府必须采取措施降低某种补贴或预算赤字，或是设立更多的金融规则。在某些情况下，IMF可以说管得太多了，从提供忠告到插手规定有争议的经济政策细节。难处在于IMF像消防局：是有帮助，但只在危机发生后才出现。更理想的情况是，能在一开始就避免起火。那怎么做呢？政府出手管制，阻止外资流出该国，但这在法律上不易实施。若一个国家参与全球经济，有进口和出口，就必须让资金在该国进出。要确定任何一笔资金的流出都是健康的贸易，或是要阻止投资资金撤离，都不是简单的任务，财务人员很擅长以会计账目掩饰资金的变动。此外，在国际银行账户可自由转移资金的世界里，如果一国政府暗示它可能阻止资金流出，那么金钱就会立刻撤出，因此造成或恶化了其试图避免的问题。

或许政府管制的最佳做法是少担心资金撤离，并且一开始就关注让什么样的钱进来，这种方式至少对20世纪80年代的智利是有效的。一般而言，外资可以分为两类：一类是购买有形公司或工厂的直接投资（direct investment）；另一类是购买股票或债券等金融工具的证券投资（portfolio investment）。直接投资不太可能会迅速撤出，因为一时冲动卖掉工厂是有难度的，而且直接投资者较偏向长期收益。因此，如果中小国家打算管制外资，鼓励直接投资可能是最佳做法。

其次，政府还可以通过对银行与金融体系加强监督来降低该国金融风暴的风险。例如，对意识到自身有外汇风险的银行来说，较好的做法是双管齐下，降低风险规模。本章开头提到的一些发生金融危机的国家，其政府在过去有段时间内把汇率维持在几乎相同的水平。固定汇率并非官方政策，但是大约有10或15年时间，银行与公司认为汇率不会波动，当汇率真的波动时，它们并没有做好准备。政府的金融监管人员可以要求银行为汇率波动做准备，也可以允许汇率在一段时间内在某种程度上浮动，使银行应对这类浮动成为常态。政府也可以对存款保险做出限制，使其只针对个人，让公司自救，以减少政府自身遇到金融危机的风险。这么做也能让公司意识到它们在外汇波动时面临的风险，并且自谋应对的方法。

金融风暴以后

对于经历金融危机的国家，有些经济学家倡议采用一种类似破产法庭的国际机制。其用意是，如果外国投资人知道他们会被某个可预测的程序公平对待，就不会这么快地抽走资金。这种机制需要很多国际协议，而且如何执行也不清楚。较温和的替代方案是，在国际债券合约的条文中加入更多条款说明国家无力偿还时的处理方式，以使过程更透明化，且投资人可将风险纳入考虑。到了21世纪最初10年中期，已有部分国家开始这样做。整体而言，世界各国对持有更多外汇储备、推动银行与企业辨识汇率波动风险，以及拟订详尽的国际债券合约，都更加敏锐了。

美国在遇到国际金融危机时会怎样？美国和许多小国家的情况相当不同，部分原因在于美国可以用自己的货币借款，因此它的银行体系比较稳健，不受汇率牵动。如果美元真的贬值，甚至可以降低美国公司积欠外国投资人的负债成本。美国早已经历过美元大幅贬值的情况，其经济并没有受到显著的负面影响。很多外资是以投资收回可变资产的形式（例如股票与房地产）流入美国的，和借款相比，这种投资没有固定的收回时间表，它只会跌价，但不会像无法偿还借款一样发生违约现象。

虽然汇率波动会使国际金融危机恶化，但它不是引爆危机的必然条件。葡萄牙、爱尔兰、希腊和西班牙在21世纪最初10年中期可用其共同货币欧元来借款，这有助于规避汇率风险。然而，希腊的借款是用来应对不断增加的庞大预算赤字[1]的。在爱尔兰，外资流入其银行，银行则把这些钱用来向房地产放款。当爱尔兰的房地产泡沫破灭时，银行发现自己破产了，于是爱尔兰政府介入，并保证所有国内外投资人都不会有损失。政府的保证阻止了金融恐慌，但代价巨大。

---

[1] 1974年，希腊民主党执政以来，大额公债预算是该国经济发展模式的显著特征，希腊政府已经习惯用预算赤字支付公务员的薪资、保险费与其他福利支出。从1993年起，政府负债占GDP的比例一直维持在100%以上。

导致2007—2009年经济衰退的美国金融危机，基本上归因于自身问题，而非国际因素。次级房贷的风潮、房市泡沫以及泡沫破灭，这都是当时美国经历的事情。美国经济在2000年以后面临巨大的贸易逆差，这反映了大额国际资金的净流入。贸易逆差通常占GDP的4%~5%——每年5000亿美元以上。外国的中央银行，尤其是日本、中国以及东亚各国，一直储备着庞大的美元资产。在2009年与2010年，美国政府的预算赤字[1]开始冲高，从历史水平来看，当时的预算赤字占GDP的比重非常大。大量资本需求被美国政府的大量借款满足了，实质上是被世界各国的国际借款填满了。然而，世界各国终究不会无止境地增持美元资产。

即使美国不可能经历全面的金融危机，外国投资人也渐渐变得不愿意让资金停留在美国境内，这种情况会导致长期、缓慢的经济崩溃。如果美国出现经济增长迟缓甚至外资流出的情况，那么政府就必须做出调整。国民储蓄与投资恒等式指出，调整方式有以下三种：第一，增加私人储蓄，以补足外资撤出的缺口，但实际上这不太可能，因为美国的私人储蓄率一向相当低；第二，减少政府借款，这表示必须同时削减支出、增加税收；第三，减少实物资本与新技术的民间投资，但这会伤害经济的长期增长。

---

[1] 2009年是美国历史上预算赤字最高的年度，赤字高达1.4万亿美元。

即使是庞大的美国经济体,也无法依赖外国投资人无休止地增持美元资产,三个选择的某种组合终将发生。找出减少预算赤字或增加私人储蓄的方法是比较可行的选择。相反,排挤投资与抵制长期经济增长都将付出惨痛的代价。

36 未来的经济不再是零和游戏

> **全球经济观点**：未来的经济在不断的挑战与崩解中将出现巨大机会。

这个世界的经济变得越来越整合。世界贸易组织等机构正在减少贸易与资本流动的法规障碍；通信与信息交流变得更便利、更便宜，这使得全球生产变得更容易合作；商品物流的成本下降——不仅是空运、陆运或海运实体产品的成本，以因特网方式寄送数字商品与服务的成本亦如此。全球经济变得越来越不受国界限制，越来越全球化。

检视全球经济现状时，先从全球 GDP 和人口开始是很有用的，然后再比较不同类型的国家的 GDP 和人口。标准的分类方法是首先划分高收入国家（美国、加拿大、欧盟各国、日本等），然后把世界按区域划分（东亚与太平洋地区、东欧与中亚、拉丁美洲与加勒比海区、中东与北非、南亚与撒哈拉沙漠以南的非洲地区）。世界银行用这个方法把世界各国分类，并提供国际数据，使得我们能快速浏览全球经济情势。

2009 年，全球 GDP 大约是 58 万亿美元（按目前的美元价值推算），全球人口为68亿，因此，全球人均GDP约为8500美元。高收入国家总人口约占全球人口的16%，而产出占全球GDP的72%，其人均GDP大约是37,000美元。高收入国家都面临着各种争论与问题，包括失业、政府预算赤字以及人口老龄化。几十年来，这些国家的平均经济增长率为2%～3%。2007—2009年，由于全球金融危机，这些国家的经济停滞，但长期而言，它们有强大的基础建设优势，有教育程度较高的劳动力与良好的人力资本，有强大的实物资本投资，擅长发展与应用技术，而且市场制度运作良好。

区域经济扫描

东亚与太平洋地区较大的经济体，包括中国及所谓的东亚"四小虎"（泰国、马来西亚、印度尼西亚和菲律宾）等国。这些国家的总人口占全球人口的29%，仅中国就占大约1/5。这些国家的总产出占全球GDP的11%，该地区的人均GDP约为3300美元，差不多是高收入国家人均GDP的1/12。然而，该地区是过去几十年来经济成功的主要案例，最初是20世纪70年代与80年代"亚洲四小龙"经济快速成长，然后是中国经济在过去30年的快速增长。该地区经济长期增长主要归功于良好的基础：高储蓄率、高国内投资率，以及致力于通过扩大公共教育建立人力资本。这些国家有很强的意愿引进并运用技术，也极愿意为生产者提供市场激励，融入全球经济。即使是中国，也从高度集中的计划经济，转向市场经济。

东欧与中亚地区最大的经济体是俄罗斯，但波兰与土耳其的GDP也很可观。这个地区的总人口大约占全球人口的6%，产出占全球GDP的4.5%，因此人均GDP约为6400美元。该地区涵盖的国家很广，从西部的波兰与捷克共和国，到中部的俄罗斯联邦与土耳其，一直到东部的哈萨克斯坦、塔吉克斯坦与吉尔吉斯斯坦。对这么庞大的地区来说，一概而论是有风险的。我在回顾时仍然感到惊奇，20世纪50年代到80年代后期，当人们谈论苏联经济时，仿佛它可以和美国或西欧的经济相提并论。很多人（甚至是经济学家）都被苏联的奥运冠军与国际象棋冠军、太空计划以及莫斯科发展得不错的部分欺骗，其实当时苏维埃阵营整体的人均GDP非常接近墨西哥或巴西的水平，而非美国的水平。该地区的国家，按世界标准来看，有教育程度较高的人口，也与欧洲高收入国家有着较密切的关系，但它们仍然处于过渡时期，正试图摆脱过去数十年承袭政府固定补贴的模式以及有缺陷的法律制度。

旋风般的环球之旅的下一站是拉丁美洲与加勒比海地区，其中较大的经济体是巴西、墨西哥与阿根廷。该地区的总人口占全球人口的8.5%，产出占全球GDP的7.2%，人均GDP约为7200美元。20世纪70年代与80年代，该地区的很多国家有些特别的问题：庞大的政府负债、金融危机、损害经济长期增长的内部导向型（inward-looking）保护主义贸易政策，以及可怕的通胀（有时濒临恶性通胀）。度过了21世纪最初10年，这些国家已经大致上拟定了宏观经济政策。它们已经驾驭进而消除了恶性通胀，基本上（不是完全）放弃了保护幼稚产业，而且把部分国营产业民营化，减少了价格管制，其经济表现越来越好。它们目前优先实施的政策之一是解决教育程度与医疗水平的巨大不均问题，这些不平等成了腐败和民粹主义滋生的温床，会妨碍经济成长。拉丁美洲与加勒比海地区还需要严肃看待全球经济竞争，这些国家仍然存在太多市场障碍及贸易障碍，即使在该地区内部也是一样。

接下来是中东与北非。这个地区的总人口大约占全球人口的5%，产出占全球GDP的2%，人均GDP约为3200美元，较大的经济体是沙特阿拉伯、伊朗与埃及。考虑到该地区的地缘政治的重要性（即石油），令人感到吃惊的是，该地区的经济规模并不是很大，如果不是因为石油，它几乎不可能在全球经济中占有一席之地。该地区的长期经济前景似乎不稳定，人力资本投资不高，教育程度也不高，尤其是女性。除了石油产业，它的实物资本投资也很低。市场制度（例如金融与法律等市场经济的基础条件）缺乏妥善发展，政治自由有限，而人口增长率一直很高。未来数十年里，该地区将出现非常多的教育程度低的年轻工作者，目前尚不清楚要如何吸收这些人口。石油产业是资本高度密集型产业，不可能雇用他们。政府已经有预算赤字，不可能提供公共部门工作机会。民间部门没有能力向外扩张，也无法吸引工人加入。

南亚地区最大的经济体是印度，其他大国包括巴基斯坦与孟加拉国。这个地区的人口大约占全球人口的23%，但其产出只占全球GDP的3%。该地区的人均GDP是1000美元，非常贫穷，但一些迹象仍然振奋人心。尤其是印度，该国正在减少对经济的重度管制，并朝市场激励与全球导向迈进。印度目前在经济上是两极化的国家：就如某位经济学家形容的，一部分是硅谷，另一部分是撒哈拉沙漠以南的非洲。通常来说，印度仍是一个低收入国家，但其经济中的某些产业有竞争优势，尤其是在高科技与服务业的贸易方面。

撒哈拉沙漠以南的非洲地区有48个国家，其中最大的经济体是南非，人口最多的国家则是尼日利亚。这个地区的人口占全球人口的12%，总产出占全球GDP的比例不到2%，人均GDP约为1100美元，与南亚的情况类似。然而，近年来非洲出现了一线曙光，非洲的教育程度与医疗水平在最近数十年大幅提升。举例来说，自1960年以来，儿童死亡率降低了一半以上。1960年，只有约1%或2%的人口接受了中等教育，如今大多数国家接受中等教育的人口比例已达30%或40%。部分非洲国家的经济得到了扎实的成长，尤其是南非，按照世界标准，已经属于中等收入国家。然而，非洲还有很多人过着仅能糊口的生活，其国家最好的情况是治国无方，最坏的情况是混乱或内战。

经过这一趟旋风式的巡礼,我想花一些时间讨论中国与印度的具体情况,因为这两个国家拥有全球大多数人口。2009年,中国大约有13亿人,印度有11亿多人,合计人口超过全球人口的1/3。这两个国家仍然非常贫穷,2009年,中国的人均GDP大约是3700美元,印度的人均GDP约为中国的1/3。然而,这两个国家近年来呈现出了强劲的经济增长趋势。自20世纪80年代以来,中国的实际GDP每年增长大约9%,印度的实际GDP在过去十年每年增长6%~8%。别忘了快速增长的威力:每年的增长率为9%,中国的经济规模每隔八年会翻一倍;每年的增长率为7%,印度的经济规模每隔十年会翻一倍。

对穷人来说,过去几十年,世界上的最大变化是中印两国爆炸式的经济增长,让更多人摆脱了生存性贫困(subsistence poverty),这件事情比人类历史上的任何其他事情都更快实现。有趣的是,这两个国家是以不同的方式达到如今的成就的。中国专注于制造业,有相当自由的市场经济,以及不同于西方式的民主政治体系。印度则聚焦于技术与服务业,在民主的政治体系中自我修正,变得更加以市场为导向。

全球经济的重大议题

未来数十年内(不是短期几年内),全球经济面临的主要危险将是什么?

举例来说，贸易战争有可能使全球经济陷入瘫痪吗？经济史学家告诉我们，19世纪末到第一次世界大战以前曾经也有全球化的时期，但因接二连三的战争、反贸易的政策以及经济大萧条而终止。这些情况有可能再次发生吗？趋向自由贸易的基本动能从未消失，贸易成本不断下降，通信变得越来越容易，全球商业版图、国际法律与金融、国际运输在未来将变得更容易管理。此外，人们也会因善用贸易而持续获得经济利益。

能源短缺的影响又如何？在未来30年到40年，石油和天然气的价格可能大幅上涨，但供给不太可能出现严重不足。随着能源价格的提高，运用现有技术开发并使用化石燃料资源（例如油页岩与油砂）将非常划算。新兴技术将有助于发现新能源，或者更有效地利用现有资源，并且产生各种替代品。值得注意的是，近年来取得的经济利益，大多已经不是来自依赖大量能源的旧产业，而是来自信息与计算机技术等产业。因此，我不认为能源危机在未来几十年内会使全球经济偏离轨道。

环境危机会终结经济长期增长吗？美国社会为保护环境付出的成本大约占GDP的2%～3%。这个成本似乎是固定的，不会随着时间增加。因此，当经济增长时，不需投入更多资源，就可以持续使环境变得更清洁。另一个好消息是，经济快速增长的国家，例如中国、印度与墨西哥，已经比一个世纪以前的美国更加意识到环保的重要性。虽然这些国家的空气和水的质量按美国标准来说还不够好，但已经在改善。通常来说，更富裕的国家更愿意在环境保护上花费资源。把能源税作为降低污染的动力，也会减少能源危机风险。经济增长与环境保护的结合将是一个持续挑战，它在经济上确实可行，但需要政治上的充分护持。

人口增长的速度会超过全球经济增长的速度吗？这种担忧在20世纪六七十年代的畅销书中尤其常见，而目前的思考更注重国家人口结构的变化——出生率下降且平均寿命延长。在日本和西欧国家，人口结构变化是如此明显，以至于人口数量在未来半个世纪将大幅减少。即使是在很多低收入国家，其人口出生率相较于20世纪60年代与70年代也一路下跌。如同我太太所常说，当女性的教育程度提高，并且避孕变得很容易时，事情的转变是令人惊讶的。目前的预测是，在2050年左右，全球人口将超过90亿，之后会持平或下降。通过适当投资农业研发来养活全球人口，应该是有可能的。

当你听到关于经济政策的辩论时，似乎每件事都会造成威胁。然而，未来的经济在不断的挑战与崩解中将出现巨大的机会。世界经济将不再是固定成长式的零和游戏，美国经济的成长也不必以牺牲其他国家为代价。相反，全球经济在本质上像是一种合作创业，如果每个国家在遍布全球的贸易、生产、技术与知识的网络中合作，那么大家便都能更快速地成长。在这个网络中，每个国家仍然掌握着自己的命运。若一个国家的政策有助于建立人力资本与实物资本，创造并推广新技术，改善法律与金融的基础设施以支持市场竞争，那么这个国家的经济就会成长。反之，若无法构建一套成功的政策，那么其经济将节节落后。

确实有一些因素导致人们担心美国经济未来的竞争地位。我们需要从小学、中学及大学教育上着手，需要解决个人与政府过度举债的问题。我们需要在实物资本与技术的持续发展方面创造投资的动力，需要为人口老化做好准备，并正视医疗成本上升的问题。这些议题都很实际，也是各国终将自行面对的问题，无论欧洲、中国、印度或拉丁美洲的经济情况如何。我们的未来掌握在自己手中。

美国第三任总统托马斯·杰斐逊（Thomas Jefferson）曾说："有知识的公民，是共和国正常运作不可或缺的要素。"虽然美国的经济制度十分健全，但它仍需要有知识的公民于公于私认真支持。于私是扮演工作者、管理者、消费者、存款人、投资人与创业家的角色，于公则扮演公民、选民与政治人物的角色。本书秉持着尊重市场力量的精神，但也承认这些市场力量有时可能失灵。我们相信政府的政策可能非常有用，但也明白在某些情况下，这些政策不仅没用，反而会弄巧成拙。本书试图呈现兼顾短期需要与长期成功因素的观点，让读者能够搞清楚世界各区域的经济议题。

经济学的观念与洞察方法，为读者提供了有用的语汇系统，让他们能够清楚地解释全球不断演进的经济中一定会发生的事情以及可能的权衡取舍关系。在很多情况下，经济学并不指向唯一的正确答案，但它可以引导我们找出更条理分明、更深思熟虑的办法去解决问题。

宏观经济学原理总结

宏观经济学的观点是总合的、由上而下的，它把整个经济视为一个大型有机体。以下是一些重要概念：

◎ 宏观经济政策的四个目标是：经济增长、充分就业、物价稳定、国际收支平衡。讨论宏观经济政策的架构称作总供给与总需求模型。

◎ 财政政策和货币政策是宏观经济政策的两组主要工具。前者是政府税收和支出的政策，包括政府预算和预算赤字；后者是指中央银行的政策，它会影响利率、借款与放款。

◎ 出口大于进口，该国就有贸易顺差；进口大于出口，该国则有贸易逆差。顺差与逆差探讨的是金钱的流向，以及向哪边的流动比较大。

◎ 凯恩斯法则（需求创造其自身的供给）注重短期几年内的经济周期，萨伊定律（供给创造其自身的需求）倾向于更注重长期。

◎使社会的总需求增加或购买力提高的政策,称作扩张性或宽松的财政政策,包括减税与增加支出;反之则为收缩性或紧缩的财政政策,包括增税或减少支出。

未来的经济将不再是固定成长式的零和游戏,而像是一种合作创业,如果每个国家在遍布全球的贸易、生产、技术与知识的网络中合作,那么大家便都能更快速地成长。